佐佐木隆宏 著

資料分析
&
統計推論

許郁文 譯

大數據時代的
關鍵統計學思維

U0072850

楓 葉 社

前言

● 自我介紹

大家好，我是本書的作者佐佐木隆宏。

我目前在培育師資的大學負責算數教育課程。在成為大學老師之前，我在大型補習班擔任數學講師，在當時曾負責通訊課程以及撰寫大學入學考試專用參考書，也曾經擔任教師研修課程的講師，這些工作都讓我留下了快樂的回憶。在經歷這些工作的過程中，身為教師研修課程講師的我，常常聽到學校老師的不安與煩惱，也因此對培育師資產生了興趣，所以便展開研究，撰寫論文，成為大學老師。

成為大學老師之後，我才發現**統計教育有多麼重要，也發現許多學生都沒了解統計的重要性與魅力**。以後的統計課程不是只有「資料分析」，還得學習「統計推論」，這些都是在日本新的高中必修科目「資訊」中的必備知識。於是我寫了這本書，介紹重要的統計概念與知識。不過，學習統計的方法與學習數學其他領域的方法不太一樣，所以我很常聽到別人跟我說，再怎麼努力學習統計，也只是一知半解。那麼，到底該怎麼學呢？在此我想稍微提一下這個部分。

● 統計與數學其他領域的學習方法不同

數學的答案永遠只有一個，只要按圖索驥就能得到答案（有時候也會有例外）。所以就算不懂箇中道理，只要在考試前背一背公式，大概就能度過難關。不過，日本高中的統計課程有很多複雜的公式，公式又通常很長，所以常讓人望而生畏。

那到底該怎麼學習統計呢？第一步是要**了解公式的意義**，其次

是**實際使用看看**，累積「**恍然大悟**」的經驗。這個道理其實也能在數學的其他領域應用，但在統計領域特別重要。請大家先記住這點，接下來要為大家介紹具體的學習步驟。

● 一開始先「似懂非懂地」迅速讀完一遍

統計是收集資料，了解母體樣本的「特徵或傾向」的工具。換言之，處理的是**不確定的母體樣本**，最終會得到「有這類特徵」或是「大致上是這樣」的結果。所以一開始不需要太執著於細節，只需要**快速讀過一遍就好**。有研究指出，先掌握學習內容的輪廓有助於提升學習成果，所以建議先快速讀一遍。

● 接著「邊計算」邊閱讀

接著是**一邊驗證本書說明的計算，一邊閱讀本書的內容**，讓自己知道了解了什麼，不了解什麼，或是哪些部分不夠清楚，此時的重點是**不要死背**。本書會介紹很多公式或術語，但是都不需要背誦。總之，**理解書中的內容**才是重點。一旦陷入背誦的死胡同，就會因為公式又多又複雜而無力深入了解內容，也會覺得統計很枯燥乏味。

● 最後「邊說明」邊閱讀

最後是精讀每個主題，**再試著為自己說明這些主題的內容**。如果能為自己說明這些主題，代表你已經吸收了這個主題的內容。這種方式也能幫助你進一步了解並記住內容。

依照上述的步驟學習的話，在段考或是大考之前，也能瞬間記住公式。了解內容再背誦，也比較不會忘記內容。

● 透過本書學習的優點

閱讀本書除了可以了解高中的統計課程，還能**學到許多其他的知識，快速了解機率以及資訊這些科目的內容**。

此外，出了社會之後，有許多工作都會用到統計。我們的生活充斥著許多統計的資訊，此時大家可根據本書的內容進一步學習進階的統計課程。

● 最後

在撰寫本書的時候，我一直提醒自己要**深入淺出並趣味地**介紹日本高中程度的統計課程內容。至於這個目標是否達成，就交由各位讀者判斷了。

最後，在此感謝KANKI出版的荒上和人、Alterna Pro的北林潤也、駿台補習班的齋藤大成老師、東京經營短期大學的佐佐木郁子老師，以及其他協助本書出版的人。

2021年8月　佐佐木隆宏

本書特色與使用方法

① 一開始先「似懂非懂地」迅速讀完一遍

→ 不要執著於細節,先快速讀過一遍。

先讀過一遍,掌握高中統計課程的輪廓。

② 接著「邊計算」邊閱讀

→ 掌握輪廓之後,開始一邊解題,一邊閱讀內容。

在解題的過程中會發現自己了解了哪些部分,

以及哪些部分不夠清楚。知道自己哪些部分不

夠清楚後,就回頭閱讀相關的說明。

③ 最後「邊說明」邊閱讀

→ 讀完整章內容⇒計算練習⇒闔上書本⇒用自己

的話說明內容!當然也可以對著某個人說明,

但對著自己說明也很有效果。如果能說得很清

楚,代表這一章的內容讀懂了,如果沒辦法說

得很清楚,就代表還不可了解這一章的內容,

此時可回頭閱讀內文。重覆這個步驟,就能完

整吸收本書的內容。

資料分析＆統計推論
大數據時代的關鍵統計學思維

目錄

第 **1** 章

代表值與圖表的基本知識

第 **2** 章

兩種資料之間的關係

第 **3** 章

機率分布
與統計推論的準備

第 **4** 章

機率分布

第 **5** 章

統計推論

封面設計 ● 喜來詩織

內文設計 ● 二之宮匡

內文插圖 ● 坂木浩子

ＤＴＰ ● Forest

編輯協助 ● 北林潤也〔ALTERNA〕，
　　　　　　齋藤大成〔駿台補習班〕

第 **1** 章

代表值與圖表的基本知識

不管是日常生活還是學校的課程，都有許多與統計相關的圖表與數值。讓我們透過本章學習統計的基本知識，學習判讀這些圖表與數值的方法，以及在判讀之際的注意事項。

資料的種類與圖表

【1】 資料的種類

「統計不就是收集資料，算算平均值嗎？」應該有些人覺得統計就是這麼一回事，但其實根據收集的資料類型不同，分析方法也不一樣。假設問大家喜歡哪種水果，得到下列這些資料。

蘋果　　橘子　　哈密瓜　　草莓　　哈密瓜

由於這些資料不是數字，只是一堆水果的名稱，所以沒辦法計算平均值。由此可知，進行統計時，會根據資料的種類採用不同的分析方法，所以讓我們先整理一下，有哪些具有代表性的資料吧。

【統計工具 1-1】 資料的種類

① 量化資料 ：身高、考試分數這類數據
② 質化資料 ：喜歡的食物或其他文字資料
③ 時序資料：氣溫這類隨著時間變化的資料

量化資料	質化資料	時序資料
分數　　　身高	喜歡的食物	股價
80分　　　170cm	咖哩　　　拉麵	1股2340元
數據	文字資料	每段時間的資料

＊ ③的資料通常可以視為①的資料。

【2】 基本的統計圖表

若只是將一堆數字或文字堆在一起，通常無法看出這些資料的特徵，所以會根據這些資料繪製圖表，透過視覺直接判讀資料的特徵。接下來讓我們一起練習判讀統計圖表的意義吧。

問題 1-1 　長條圖 ～判讀「多寡」的特徵～

在月巴克咖啡打工的小花調查了哪些產品賣得最好。經過一整天的營業時間之後，她將各種產品的銷售數量畫成了下列的長條圖。

（1） 賣得最好的商品是哪一個？

（2） 賣得第二好的商品是哪一個？

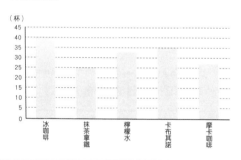

單日銷售杯數

【統計工具 1-2】 長條圖的閱讀方式

• 長條圖可利用「長條的長短」比較「大小」。

［解答］

（1） 長條最高的商品就是賣得最好的商品，所以答案是冰咖啡。

（2） 長條第二高的商品就是賣得第二好的商品，所以答案是卡布其諾。

在月巴克打工的小花從高中一年級開始打工，到目前為止已經過了6年。請根據下面的折線圖說明時薪的變化。

（1）　哪一年的時薪比前一年低？

（2）　時薪變化最劇烈的時期是哪一年到哪一年？

（3）　時薪的整體傾向該如何解讀？

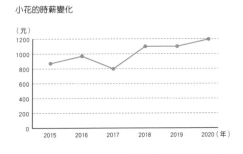

小花的時薪變化

【統計工具 1-3】　折線圖的解讀方法

• 折線圖可根據線段的「斜率」判讀「變化」。

　　折線圖可幫助我們判讀資料的「變化」。折線的斜率越陡的部分，變化就越激烈，越緩的部分則相對緩和。

［解答］

（1）　只要找到圖表之中，折線往右下方降的右側資料點，就能找到這一題的答案，答案是2017年。

（2）　時薪變化最劇烈的部分就是斜率最陡的部分，所以答案是2017至2018年之間。

（3）　就整體來看，折線是往右上方傾斜，所以時薪有增加的趨勢。

問題 **1-3** 圓形圖 ～判讀「比例」～

在月巴克打工的小花將顧客的年齡層畫成下列的圓形圖。

（1） 哪個年齡層的顧客最多？

（2） 哪個年齡層的顧客第三多？

顧客年齡層

圓形圖可以告訴我們資料的「比例」。扇形面積（寬度）代表的是比例，面積越大，整體占比也越大，面積越小，比例則越小。

┌【統計工具 1-4】 圓形圖的解讀方法 ─────────
│ • 圓形圖是以「扇形面積」比較「比例」
└──────────────────────────────

〔解答〕

（1） 顧客最多的年齡層就是面積最大的扇形，也就是 30 幾歲的年齡層。

（2） 顧客第三多的年齡層就是面積第三大的扇形，所以是 20 幾歲的年齡層。

　　月巴克將 2018 年 7 月 1 日與 2020 年 7 月 1 日銷售的商品比例繪成下列的堆疊橫條圖。看了這張圖表之後，店長說「檸檬水的銷售數量下滑了」。這個說法正確嗎？

7月1日的銷售數量比例

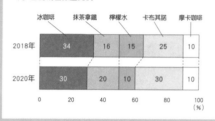

＊ 2018 年 7 月 1 日的銷售數量為 100 個，2020 年 7 月 1 日的銷售數量為 1000 個。

　　堆疊橫條圖與圓形圖都是適合說明比例的圖表，但是堆疊橫條圖是矩形的，所以更適合比較排在一起的比例。要注意的是，從外觀很難判讀實際的數量。

［ 解答 ］

　　檸檬水的「比例」在 2018 年為 15%，在 2020 年為 10%，所以少了 5%（也可說是少了 5 點）。但是，店長是針對「銷售數量」發表意見，所以要計算的是銷售杯數。

　　2018 年的檸檬水銷售了 100 杯，比例是 15%（0.15 倍），所以 100 × 0.15 = 15「杯」

　　2020 年的檸檬水銷售了 1000 杯，比例是 10%（0.10 倍），所以 1000 × 0.10 = 100「杯」

　　2020 年的比例較小，銷售個數卻較多，所以店長的意見是錯誤的。

【統計工具 1-5】　堆疊橫條圖的解讀方法
① 　堆疊橫條圖是以「水平的寬度」比較比例。
② 　「比例的高低」與「實際數量的多寡」不同，所以要注意整體數量。

代表值
（平均值、中位數、眾數）

　　主題1將收集到的資料畫成圖表之後，練習判讀資料的特徵。這個主題則要解讀代表資料特徵的數值。最有名的數值有平均值、中位數、眾數，而這些又稱為代表值。

【1】　平均值

　　一般來說，收集到的資料都是參差不齊的狀況，有的資料很大，有的資料很小，而弭平資料差異的值，就是我們早在小學就學過的平均值。能讓大小不一的資料化為同等大小的代表值就是平均值。要求出平均值只需要如下加總所有資料的值，再除以值的個數即可。

$$平均值 = \frac{資料的總和}{資料的個數}$$

　　仔細一看會發現，這個公式計算了所有資料的總和，所以平均值可說是將所有資料一視同仁的代表值。

問題 **2-1**

　　下列的資料是某高中A班與B班的數學考試結果。

　　　A：65　60　55　70　50　　　B：65　60　55　70　0

　　（1） 請計算A班的平均分數　　　**（2）** 請計算B班的平均分數

［解答］

　　雖然（2）有「0」這個分數，但也算是一筆資料，所以要放入算式。

（1）　$(65 + 60 + 55 + 70 + 50) \div 5 = 60$［分］

（2）　$(65 + 60 + 55 + 70 + 0) \div 5 = 50$［分］

包含極端值的平均值該如何處理呢？

平均值是說明資料特徵的主要方式之一，例如 A 班的平均分數 60 分就是 A 班的特徵，但 B 班的平均分數 50 分真的是 B 班的特徵嗎？在 B 班的五個分數之中，65、60、55、70 這幾個分數都比平均分數更高，唯獨 0 分這個分數離平均值非常遠，所以 B 班的平均值不能算是 B 班的特徵。

大部分的資料都比平均值高

A班：50　55　60　65　70　　　B班：0　55　60　65　70

平均60分　⇒代表整體　　　平均50分　⇒真的是整體資料的
　　　　　　資料的特徵　　　　　　　　　　特徵嗎？

若問為什麼 B 班的平均分數不代表 B 班的特徵，答案是因為在 B 班的資料之中，有一個比其他資料小很多的「0」。平均值的範圍囊括所有資料，所以很容易被這類值影響，這也是平均值的特徵之一。

遠比其他資料大或小的資料稱為極端值。假設出現了極端值，可試著先排除這個極端值再計算平均值（65、60、55、70 這 4 個資料的平均值為 62.5「分」），或是計算後續說明的中位數。

不過，極端值絕不是什麼壞人（即使有時候會排除它），反而有可能正在提醒我們，這些資料還有一些其他的特徵，所以極端值有時反而是非常重要的分析對象。

【統計工具 2-1】　平均值的意義、計算方式、注意事項

[意義] 平均值是抹平所有資料的值。
[計算方式] 平均值＝（資料總和）÷（資料個數）
[注意事項] 平均值容易受到極端值影響。

【2】 中位數

> ### 問題 2-2
>
> 下列的資料是某高中A班與B班的數學考試結果。
>
> A：65　60　55　70　50
>
> B：65　60　55　70　0　50
>
> （1） 請計算A班的中位數　　　（2） 請計算B班的中位數

　　將資料由小至大（或由大至小）排列，最終位於正中央的值稱為中位數。由於中位數的重點只有位於正中央的值，所以不像平均值那樣受到極端值的影響。此外，中位數的計算方式會因為資料為偶數個或奇數個的時候不同。

［解答］

（1） 當資料個數為奇數時

　　由於資料個數為奇數時，位於正中央的數值只有一個，所以該數值就是中位數。

在右側的數據之中，中位數就是60分。　　50　55　**60**　65　70

（2） 當資料個數為偶數時

　　當資料個數為偶數時，位於正中央的數值會有兩個，此時中位數是這兩個數值的平均值57.5。

0　50　**55**　60　**65**　70　$\Rightarrow (55 + 60) \div 2 = 57.5$

┌─【統計工具 2-2】 中位數的意義與計算方式 ─────

　［意義］中位數為數值依序排列之後，位於「正中央」的值。

　［計算方式］依照升冪或降冪的順序排列資料。

　　　　　　　資料個數為奇數時，中位數為「位在正中央的單一值」。

　　　　　　　資料個數為偶數時，中位數為「位於正中央的兩個值的平均值」。

【3】 眾數

　　右側表格是班級人數20人，滿分5分的小考結果。請根據這張表格求出眾數。

分數	0	1	2	3	4	5
人數	1	3	5	6	4	1

　　最常出現的資料稱為眾數。眾數是資料的值，而不是資料出現的頻率（出現幾個人或幾次）。

［解答］

上述是小考分數與人數（次數）的表格，所以又稱為「次數分配表」。從這張次數分配表可以發現，人數最多（出現頻率最高）的是6個人，分數（資料的值）則是3分，所以眾數為3「分」。前面也提醒過，眾數並不是6「人」。

在根據次數分配表繪製的直方圖之中，眾數是最為突出的資料的值（不是直軸的值，而是橫軸的值）。

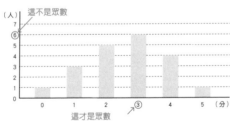

小考的分數與人數

【統計工具 2-3】 眾數的意義、計算方式與注意事項

［意義］最常出現的資料的值。

［計算方式］如果整理成次數分配表，就是次數最多的資料；如果整理成直方圖，就是長條最高的資料。

［注意事項］不要以為是最高的「次數」（頻率）。

主題 3 次數分配表與直方圖

【1】 次數分配表與直方圖

若只是收集資料，將一堆數字與文字排在一起，是無法透過統計了解母體樣本特徵與傾向的。比方說，下列表格是 100 位小學六年級學生的握力資料。由於只有一堆數字，所以很難看出整體的特徵或傾向。因此，要如主題 1、2 的說明，製作表格或圖表，或是算出代表值，才能掌握整體的特徵與傾向。主題 3 要帶著大家以直方圖或次數分配表整理收集到的資料。

性別	握力 [kg]	性別	握力 [kg]	性別	握力 [kg]	性別	握力 [kg]
男	22	男	26	女	16	男	24
男	23	女	18	男	24	男	27
男	18	女	13	女	16	男	20
女	15	男	27	男	25	女	14
女	18	男	26	男	18	女	15
男	22	女	15	男	25	女	18
男	27	女	15	女	16	女	20
女	15	男	24	女	21	男	20
男	25	女	18	男	21	女	18
男	23	女	12	女	18	男	22
男	23	女	13	男	21	女	14
男	21	女	14	女	18	女	11
女	10	男	23	女	23	女	13
男	23	男	18	女	14	女	14
女	18	男	21	女	15	女	18
男	22	男	23	男	24	女	18
男	14	男	18	女	21	女	16
男	24	女	18	男	25	男	25
女	15	男	27	男	23	女	14
男	25	女	15	男	24	男	27
女	20	女	11	男	25	男	22
男	23	女	18	男	20	女	18
女	12	女	12	女	18	男	24
女	15	女	20	男	23	女	16
女	16	女	18	男	26	女	16

【方法1】用表格或圖表整理（例如次數分配表或直方圖）。

【方法2】計算能幫助我們掌握資料特徵或傾向的代表值（例如代表值）。

[1] 利用次數分配表整理收集到的資料

次數分配表常用來整理資料。製作次數分配表的重點在於替資料分組。以右表為例，就是每 3 kg 分一組，這就稱為組距；而各組則稱為分組，各分組的資料個數則稱為次數。

次數分配表

組距 [kg]	次數 [人]
以上　低於 9～12	3
12～15	13
15～18	16
18～21	25
21～24	21
24～27	17
27～30	5
合　計	100

[2] 利用直方圖說明收集到的資料

完成次數分配表之後，可利用直方圖說明資料。下一頁的圖 1 是將「握力的數值」放在橫軸，並將「次數」放在直軸的直方圖。只要比較直方的高度，就能一眼看出哪一個分組的人數較多，這點也是直方圖的魅力所在。

【2】 就算是同一筆資料，直方圖看起來也會不一樣？

直方圖雖然很方便，但也有要特別注意的部分，那就是一調整組距，圖表的輪廓就會改變。比方說，將組距改成 2 公斤之後，就會畫出圖 2 的直方圖，輪廓是不是明顯與組距為 3 公斤的直方圖（圖1）不一樣呢？組距為 2 公斤的直方圖有兩組的資料特別多。

由此可知，只要調整組距，圖表的特徵就會改變，從圖表汲取的內容也會不一樣，所以在閱讀直方圖的時候，絕對要記得注意組距。

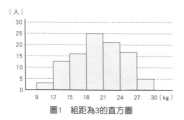

（人）

圖1　組距為3的直方圖

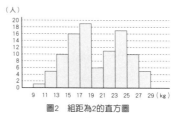

（人）

圖2　組距為2的直方圖

明明是同一筆資料，組距不同，直方圖的輪廓也跟著改變。

　　圖2的直方圖有兩處特別突出。這種突出的部分有兩處以上的分布情況稱為多峰分布，只有一處的話稱為單峰分布。若看到直方圖呈多峰分布，有可能代表有不同種類的資料混在一起。此時若是如下表將100位小學生的握力資料分成男女兩類，再重新繪製直方圖，就會得到下頁的單峰分布直方圖。這種利用分組整理的資料的過程稱為層別法。

男孩的次數分配表

組距 [kg] 以上　低於	次數 [人]
17～19	5
19～21	3
21～23	10
23～25	17
25～27	10
27～29	5
29～31	0
合計	50

女孩的次數分配表

組距 [kg] 以上　低於	次數 [人]
9～11	1
11～13	5
13～15	10
15～17	16
17～19	14
19～21	3
21～23	1
合計	50

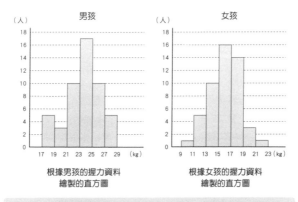

根據男孩的握力資料
繪製的直方圖

根據女孩的握力資料
繪製的直方圖

雖然男女孩資料混雜的直方圖（圖2）有兩座山，但利用層別法整理資料，將男女孩的資料分別畫成兩張直方圖之後，就只剩下一座山了。

【統計工具 3-2】 直方圖的重點在於組距

• 調整組距，直方圖的輪廓就會跟著改變。

【3】 根據次數分配表計算平均值

平均值可利用資料的總個數除以所有資料的總和求出。換言之，必須取得所有資料的值才行。不過，次數分配表沒有這些資料的值，所以重點在於該怎麼根據次數配分表求出平均值。

問題 3-1

右側的次數分配表是根據 20 位小學六年級學生的握力資料製成的表格。請根據這張表格算出握力的平均值。

組距 [kg]		次數 [人]
以上	低於	
9～12		3
12～15		12
15～18		5
合　計		20

　前面也提過，次數分配表沒有每個人的具體資料，只能知道「大於等於 9 kg，低於 12 kg」的人數為 3 人，卻不知道這些人的具體數值，所以我們只好將這 3 個人的資料當成落在該組正中央的值（稱為組中值）。

[解答]
組中值就是該組正中央的值。以「大於等於 9 kg，低於 12 kg」的分組為例，組中值就是

$$(9 + 12) \div 2 = 10.5 \, [\text{kg}]$$

由於這組有 3 個人，所以 3 個人的資料都是組中值 10.5 kg。

組距 [kg]	次數 [人]
以上　低於 9～12	3
12～15	12
15～18	5
合　計	20

→ 組中值為 10.5kg 的分組有 3 人
→ 組中值為 13.5kg 的分組有 12 人
→ 組中值為 16.5kg 的分組有 5 人

　若根據上述的資料計算，整體資料的總和為下列的公式。

$$(10.5 \times 3) + (13.5 \times 12) + (16.5 \times 5)$$

因此可算出下列的平均值。

$$\frac{(10.5 \times 3) + (13.5 \times 12) + (16.5 \times 5)}{20} = 13.8 \, [\text{kg}]$$

【統計工具 3-3】 根據次數分配表求出平均值

• 平均值 = $\dfrac{(\text{組中值}) \times (\text{次數}) \text{的總和}}{\text{資料個數}}$

相對次數、累積相對次數與直方圖

【1】 相對次數與累積相對次數

下方的圖表是根據A小學與B小學六年級學生各200名的身高資料繪製的直方圖。到底「身高大於等於140公分，小於150公分的兒童人數」在哪邊的小學比較多呢？若只從直方圖的直方高度解讀，A小學有100人，B小學有150人，所以B小學比較多。

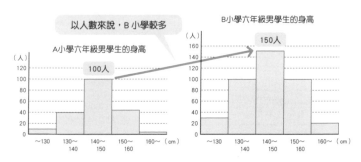

不過，B小學的人數本來就比較多，所以當然會得到這個結果。若要消除這類因整體人數造成的不公平，就不能以實際的數字（人數）比較，而是得以該數字於整體的佔比（又稱相對次數）進行比較。

以身高大於等於140公分、小於150公分的兒童的相對次數（比例）為例，可得到

A小學：200人中有100人符合，所以100÷200＝2.5（50％）

B小學：400人中有150人符合，所以150÷400＝0.375（37.5％）

以相對次數（整體占比）比較，就會發現A小學（50％）比B小學（37.5％）的人數更多。由此可知，要比較整體人數不同的團體時，除了比較實際的人數（次數）之外，也可以比較相對次數（比例）。因此除了製作次數分配表，還可以另外製作一張相對次數

分配表，然後製作一張以相對次數為直軸的直方圖再進行比較，就能不受整體人數的多寡影響。

相對次數分配表

A小學	次數	相對次數	累積相對次數
～130	10	0.05	0.05
130～140	40	0.2	0.25
140～150	100	0.5	0.75
150～160	45	0.225	0.975
160～	5	0.025	1

B小學	次數	相對次數	累積相對次數
～130	30	0.075	0.075
130～140	100	0.25	0.325
140～150	150	0.375	0.70
150～160	100	0.25	0.95
160～	20	0.05	1

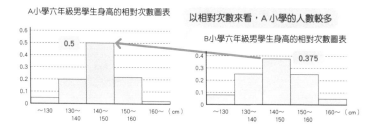

A小學六年級男學生身高的相對次數圖表

以相對次數來看，A小學的人數較多

B小學六年級男學生身高的相對次數圖表

此外，上方的相對次數分配表的最右欄寫著累積相對次數，而累積相對次數的意思是在此之前分組的相對次數之累積。若問為什麼需要累積相對次數，是因為在實務之中，「小於140公分的人數有幾人」比「大於等於130公分，小於140公分的人數有幾人」更實用，所以比起分組的相對次數，將在此之前的分組的相對次數的累計（累積相對次數）整理成表格會更加好用。比方說，在A小學身高小於140公分的累積相對次數為0.05＋0.2＝0.25。這個數值的意思是身高小於130公分的兒童為0.05（5％），身高大於等於130公分，小於140公分的兒童為0.2（20％），所以身高小於140公分的兒童有25％（＝5％＋20％）。

【統計工具4-1】 相對次數與累積相對次數

• 要比較總數不同的集團時，可透過相對次數比較，消除因為總數造成的不公平。

【2】 相對次數與累積相對次數的練習

問題 4-1 相對次數與累積相對次數

下列這次次數分配表是針對某間小學六年級班級20名男學生測量體重的結果。請試著根據這張表格回答下列的問題。

	體重〔kg〕	次數	相對次數	累積相對次數
	以上　低於			
1	40～45	1	0.05	0.05
2	45～50	3	0.15	0.20
3	50～55	6	甲	丁
4	55～60	5	乙	戊
5	60～65	4	丙	己
6	65～70	1	0.05	1
	合　計	20		

（1） 組距是多少？

（2） 請計算甲、乙、丙這三個相對次數。

（3） 請計算丁、戊、己這三個累積相對次數。

（4） 請計算體重低於60 kg的學生佔整體的比例。

〔解答〕

（1） 由於是以「大於等於40、小於45」或「大於等於45、小於50」的方式分組，所以組距為5 kg（＝45-40）。

（2）（相對次數）=（該組次數）÷（總數）。

相對次數　甲＝6÷20＝0.30（大於等於50、小於等於55的人數為30 %）

相對次數　乙＝5÷20＝0.25（大於等於55、小於等於60的人數為25 %）

相對次數　丙＝4÷20＝0.20（大於等於60、小於等於65

的人數為 20 ％)

（3） 累積相對次數　丁 = 0.20 + 0.30 = 0.50

　　　累積相對次數　戊 = 0.50 + 0.25 = 0.75

　　　累積相對次數　己 = 0.75 + 0.20 = 0.95

（4） 體重低於 60 公斤的累積相對次數就是戊的 0.75，所以體重小於 60 公斤的比例為 75％。

【3】 直方圖與代表值

　　主題4的最後要介紹代表值（平均值、中位數、眾數）大約落在直方圖的哪個位置。

平均值

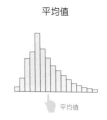

假設直方圖有重心的話，平均值落在一根手指吊起來還能保持平衡的位置。

中位數

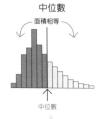

中位數落在能將直方圖分成兩塊面積相等的區塊的位置。

眾數

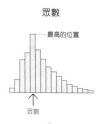

在直方圖之中最高的位置就是眾數。

　　從上述這三張圖來看，平均值、中位數與眾數的排列順序會因為直方圖的傾斜而出現下圖的變化。特別要注意的是，當直方圖呈左右對稱，沒有任何傾斜的圖形時，平均值、中位數與眾數會落在同一個位置。

【統計工具 4-2】 直方圖與代表值的關係

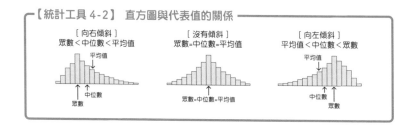

主題

5 四分位數

【1】 從中位數到四分位數

問題 5-1

　　這是某班的段考數學分數資料（單位是分）。請算出這些資料的中位數。

42　50　60　70　80　35　46　56　64　72　95

［解答］

中位數是讓資料依照升冪的順序排列之後，位於正中央的數字，而上述的資料為奇數個（11個），所以中位數是60分。

中位數

35　42　46　50　56　60　64　70　72　80　95

後段班的50 %　　　　　　前段班的50 %

　　由於這次求得的中位數是將資料一分為二的值，所以對於想知道自己的排名是好還是壞的人來說，中位數是很重要的數字。不過，對於想知道自己在班上是不是名列前茅的人來說，中位數就沒什麼用了。因此讓我們進一步分析自己的分數位於全班哪個位置吧。比方說，可如下將全班的分數分成四等分。

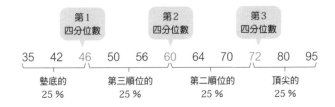

第1
四分位數　　　　第2
四分位數　　　　第3
四分位數

35　42　46　50　56　60　64　70　72　80　95

墊底的　　　第三順位的　　　第二順位的　　　頂尖的
25 %　　　　25 %　　　　　25 %　　　　　25 %

　　要將整體資料切成四等分，就需要以三個值（以上例來說，是

28

46、60、72）切割。這三個值都有自己的名字，分別是

第 1 四分位數 Q_1、第 2 四分位數 Q_2（＝中位數），第 3 四分位數 Q_3，這三個值合稱四分位數。四分位數可將資料切成四等分，所以能比中位數進行更細膩的分析，例如可以知道「自己位於前段班的 25％之內」。

【2】 四分位數的計算方式

> 問題 5-2
>
> 　這是某班的段考數學分數資料（單位是分）。
> （1） 請算出下列資料的四分位數（資料為奇數個的情況）
> 　42　50　60　70　80　35　46　56　64　72　95
> （2） 請算出下列資料的四分位數（資料為偶數個的情況）
> 　42　50　60　70　80　46　56　64　72　95

　計算四分位數的時候，與計算中位數的情況一樣，會因資料為偶數個或奇數個而使用不同的方式計算。

［解答］（1） 資料為奇數個時，計算四分位數的方法

【步驟1】依照升冪的順序排列資料，算出第2四分位數（＝中位數）。

35　42　46　50　56　⑥⓪　64　70　72　80　95

第2四分位數=60

【步驟2】由於資料為奇數個，整體資料沒辦法分成兩半，所以先拿掉第2四分位數，讓資料分成兩組。

35　42　46　50　56　（　）　64　70　72　80　95

拿掉60

【步驟3】後段班的中位數為第1四分位數，前段班的中位數為第3四分位數。

35　42　㊻　50　56　　　64　70　㊲　80　95

第1四分位數=46　　　　　　第3四分位數=72

【四分位數】經過上述的計算之後，可以得到下列的四分位數。第1四分位數為46、第2四分位數為60、第3四分位數為72。

算出四分位數之後，就能得到比第1四分位數46分還低的分數落在後段班25％的位置，比第3四分位數72分還高的分數落在前段班25％的分析結果。

【統計工具5-1】 計算四分位數的方法（資料為奇數個的情況）
【步驟1】依照升冪的順序排列資料，算出第2四分位數（＝中位數）。
【步驟2】拿掉第2四分位數，讓資料分成兩組。
【步驟3】下半部資料的中位數為第1四分位數。
　　　　　上半部資料的中位數為第3四分位數。

［解答］

（2） 資料為偶數個時，計算四分位數的方法

【步驟1】依照升冪的順序排列資料，算出第2四分位數（＝中位數）。

42 46 50 56 (60 64) 70 72 80 95

第2四分位數＝（60＋64）÷2＝62

【步驟2】由於資料為偶數個，所以可直接將整體資料分成兩組。

42 46 50 56 60   64 70 72 80 95

【步驟3】後段班的中位數為第1四分位數，前段班的中位數為第3四分位數。

42 46 (50) 56 60   64 70 (72) 80 95

第1四分位數＝50   **第3四分位數＝72**

【四分位數】經過上述的計算之後，可以得到下列的四分位數。第1四分位數為50、第2四分位數為62、第3四分位數為72。

　　在此總結資料為偶數個的四分位數計算方式。請試著與資料為奇數個的方式比較看看。

【統計工具 5-2】 計算四分位數的方法（資料為偶數個的情況）

【步驟1】依照升冪的順序排列資料，算出第2四分位數（＝中位數）。
【步驟2】將資料分成兩組。
【步驟3】下半部資料的中位數為第1四分位數。
　　　　　上半部資料的中位數為第3四分位數。

盒鬚圖

【1】 五數彙總與盒鬚圖

　　四分位數是當資料依照升冪排序之後，將資料均分為四等分的三個值，所以第1四分位數會如下圖一般，落在從下方數來25％的位置，第2四分位數則是落在下方數來50％的位置，第3四分立數則是落在下方數75％的位置，若再加上從下方數0％的最小值與100％的最大值，就會得到下列五個值。

　　最小值、第1四分位數、第2四分位數、第3四分位數、最大值

　　這五個值稱為五數彙總，可用來衡量數值落在整體資料哪個位置。

　　比方說，可利用下列的10個身高資料（單位為公分）求出五數彙總的結果。

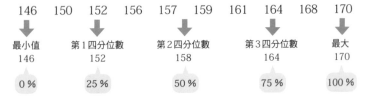

　　此外，五數彙總也能透過下列盒鬚圖呈現。盒鬚圖是以矩形呈現第1四分位數到第3四分位數的範圍，再以從矩形兩端延伸的線條呈現最大值與最小值（這就是鬚線）。矩形的第2四分位數位置會畫一條直線。

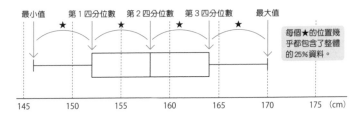

【2】 盒鬚圖的繪製方式

要繪製盒鬚圖就要先求出五數彙總的結果。假設右表是從高中一年級女學生16人的身高資料算出的五數彙總的結果，就能利用這些值以及依照下列的步驟繪製盒鬚圖。

最大值	170
第3四分位數	166
第2四分位數	161
第1四分位數	152
最小值	145

【統計工具 6-1】 盒鬚圖的繪製方法

【步驟1】繪製排列資料的數線。

【步驟2】繪製盒子與直線

　　　　①畫一個範圍涵蓋第1四分位數到第3四分位數的盒子（矩形）。

　　　　②在盒子（矩形）繪製第2四分位數的直線。

【步驟3】繪製鬚線

　　　　①從第3四分位數繪一個直達最大值的「鬚線」

　　　　②從第1四分位數繪一個直達最小值的「鬚線」

實際繪製盒鬚圖……

【步驟1】繪製排列資料的數線。

【步驟2】①畫一個範圍涵蓋第1四分位數到第3四分位數的盒子（矩形）。

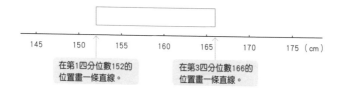

在第1四分位數152的位置畫一條直線。　　在第3四分位數166的位置畫一條直線。

②在盒子（矩形）繪製第2四分位數的直線。

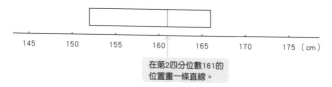

在第2四分位數161的位置畫一條直線。

【步驟3】 ①從第3四分位數繪一個直達最大值的「鬍線」
②從第1四分位數繪一個直達最小值的「鬍線」

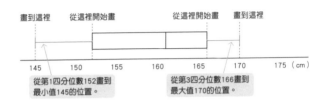

重點

繪製盒鬍圖所需的東西包含

　　　　最小值，第1四分位數，第2四分位數（中央值），
　　　　第3四分位數，最大值

其中不包含「平均值」，所以無法從盒鬍圖了解平均值。不過，若想在盒鬍圖記載平均值，有時會在盒鬍圖的矩形之中標記符號「＋」。

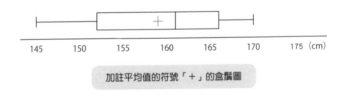

加註平均值的符號「＋」的盒鬍圖

【3】 閱讀盒鬍圖的方法 ～寬度是窄還是寬～

下圖是根據高中一年級女學生16人身高資料繪製的盒鬍圖。由於四分位數會將整體資料分割四等分，所以這個例子會如下圖般，利用四分位數將女學生分成每組4人，共4組的模式。

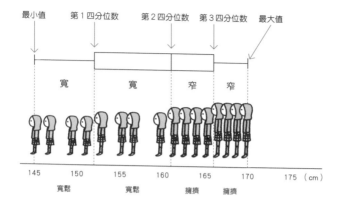

　　從盒鬚圖可以發現的是，矩形寬度較寬或是鬚線較長的部分較為寬鬆（疏），矩形寬度較窄或鬚線較短的部分較為擁擠（密）。此外，約有整體50％的資料（上圖為8人）落在矩形之中。再者，可以從這個矩形的寬度（四分位數的範圍）是寬還是窄，了解落在中央部分的半數資料的明細。四分位數的範圍可利用下列的公式算出。

四分位範圍＝第3四分位數－第1四分位數（＝矩形的寬度）

　　以上述的範例而言，四分位數範圍＝166-152＝14。不過，只有這個值也看不出任何意義對吧？其實若有很多個盒鬚圖擺在一起的話，就可以比較四分位數範圍（＝矩形的寬度），再進行某個盒鬚圖的資料較密集或是較寬鬆的分析。

【統計工具6-2】 盒鬚圖的閱讀方法
①矩形較窄時，資料較密集（密）；矩形較寬時，資料較寬鬆（疏）。
②要注意，盒鬚圖不會提及平均值。

變異數的原理

【1】 觀察資料的時候，也要觀察資料的分布情況

代表值（平均值、中位數、眾數與其他類似的數字）都是足以說明資料特徵的數值，卻不是萬能的，無法只憑這些值了解資料的分布情況。比方說，計算兩位高中生的數學考試平均分數。

①2個人都50分的情況：平均分數為（50＋50）÷2＝50「分」

②100分與0分的情況：平均分數為（100＋0）÷2＝50「分」

由此可知，平均分數雖然相同，但兩個人的特徵卻完全不同。①的分數會於平均分數附近集中，但②的分數卻非常分散。這種情況也可利用下列的點圖說明。

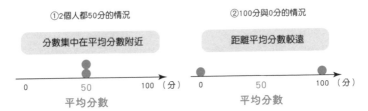

①2個人都50分的情況

分數集中在平均分數附近

0　　　50　　　100（分）
平均分數

②100分與0分的情況

距離平均分數較遠

0　　　50　　　100（分）
平均分數

假設是這個例子，我們當然能一眼看出平均值附近的分布情況，但資料一多，很可能就看不出分布情況。所以要比較分布情況時，可將平均值附近的資料分布情況轉換成數值。這種數值分成變異數與標準差。當變異數或標準差這類值比較小的時候，資料會集中在平均值附近；反之，這類值比較大的時候，資料會離平均值比較遠。

┌─【統計工具 7-1】 利用變異數與標準差分析 ─────
①變異數（標準差）是「說明資料與平均值距離多遠的數值」。
②變異數（標準差）小 ⟺ 資料集中在平均值附近。

【2】 變異數的意義與計算方式

那麼變異數與標準差該怎麼計算呢？首先說明變異數的計算方法，再於下個主題說明標準差與標準差的計算方法。

問題 7-1

1班與2班進行了數學小考（滿分10分），得到下列的結果。讓我們比較看看資料（分數）與平均分數的分布情況吧。

1班：7 7 7 6 8　　　2班：3 3 8 5 6

接著要計算變異數，比較平均值附近的分布情況。在此要同時計算1班與2班的變異數。

【步驟1】計算每筆資料與平均值的差距（偏差）

首先想知道的是每筆資料距離平均值多遠，所以要先算出每筆資料減掉平均值之後的值（就是所謂的偏差），再整理成表格。

(1)1班的偏差（平均分數7分）

資料 （分數）	偏差 （分數－平均分數）
7	7 - 7 = 0
7	7 - 7 = 0
7	7 - 7 = 0
6	6 - 7 = -1
8	8 - 7 = 1

(2)2班的偏差（平均分數）

資料 （分數）	偏差 （分數－平均分數）
3	3 - 5 = -2
3	3 - 5 = -2
8	8 - 5 = 3
5	5 - 5 = 0
6	6 - 5 = 1

若分數離平均分數越近，「分數－平均分數」的值就會越接近0。因此，在計算偏差之後，若是得到越多接近0的值，就代表資料越是集中於平均值附近。

比較上方兩張表格後，可以發現1班的分數集中在平均值附近。

【步驟2】計算偏差的平方

不過，上述的解釋都還只是用「肉眼觀察」的結果。假設資料有100筆或500筆，就無法利用「肉眼」判斷。因此要改用「數值」判斷。那麼該怎麼做呢？

答案是，將重點放在各班的偏差（＝分數－平均值）的平均值，也就是計算各班的偏差的平均值。

1班的偏差的平均值＝{0＋0＋0＋(-1)＋1}÷5＝0

2班的偏差的平均值＝{(-2)＋(-2)＋3＋0＋1}÷5＝0

如此一來會得到這個兩班都是0的結果。這是因為偏差的正值與負值會彼此抵銷，所以加總之後，會得到0。為了避免正值與負值互相抵銷，才需要計算偏差的平方值（稱為偏差平方）。平方之後的值一定大於等於0，所以就不會出現互相抵銷的結果。

（1）1班的偏差（平均分數7分）

資料 （分數）	偏差 （分數-平均分數）	偏差平方 （分數-平均分數）^{2}
7	0	$0^2=0$
7	0	$0^2=0$
7	0	$0^2=0$
6	−1	$(-1)^2=1$
8	1	$1^2=1$

（2）2班的偏差（平均分數5分）

資料 （分數）	偏差 （分數-平均分數）	偏差平方 （分數-平均分數）^{2}
3	−2	$(-2)^2=4$
3	−2	$(-2)^2=4$
8	3	$3^2=9$
5	0	$0^2=0$
6	1	$1^2=1$

較接近0的偏差（也就是較接近平均分數）乘以平方之後，會得到比較小的結果。因此，在計算偏差平方之後，若得到比較多相對較小的值，代表資料都集中在平均分數附近。

【步驟3】計算變異數

最後要計算上方表格的偏差平方的平均值。這個值就是所謂的變異數。

1 班的變異數＝$(0 + 0 + 0 + 1 + 1) \div 5 = 0.4$

2 班的變異數＝$(4 + 4 + 9 + 0 + 1) \div 5 = 3.6$

比較兩班的變異數之後，會發現 1 班的變異數比較小，證明了 1 班的分數集中在平均分數附近。

變異數與標準差

【1】 變異數計算方法的總結

問題 8-1

下列是 5 位高中生的數學測驗成績，請根據這些成績計算變異數。

6　5　5　3　6（分）

之前在主題 7 說明了變異數的意義與計算方式，而主題 8 則是要先總結變異數的計算方式，再說明與變異數一樣能說明資料分布情況的標準差。

┌─【統計工具 8-1】 計算變異數的方法①

[1] 變異數的公式（將這個公式的計算步驟整理成 [2] 與 [3]）
　　變異數＝資料與平均的差的平方和）÷ 資料筆數

[2] 變異數可透過下列的步驟計算。
　　【步驟 1】偏計算偏差　：讓每筆資料減去平均值
　　【步驟 2】計算偏差平方　：讓所有的偏差乘以平方
　　【步驟 3】計算變異數　：計算偏差平方的平均值

[3] 利用下列表格計算變異數，會比較簡單方便

①資料	③偏差	④平均值
①	③	④
①	③	④
①	③	④
②平均	(0)	⑤變異數

步驟①：在①的空格填入資料。
步驟②：算出平均值，再填入②的空格。
步驟③：計算偏差（（①-②)，再填入③的空格。
步驟④：計算偏差平方（③的平方），再填入④的空格。
步驟⑤：計算④的平均值，再填入⑤的空格（⑤為變異數）。

[解答]

①資料	③偏差	④偏差平方
6	1	1
5	0	0
5	0	0
3	-2	4
6	1	1
②平均值 5	(0)	⑤變異數 1.2

因此，這5位高中生的數學測驗的變異數為1.2。

【2】 標準偏差

話說回來，資料通常有長度或重量這類單位。讓我們試著將注意力放在資料的單位，回顧一下剛剛計算變異數的過程。

①資料的單位：因為是測驗分數，所以單位是「分」。

②平均值的單位：因為是測驗的平均分數，所以單位是「分」。

③偏差的單位：偏差是①-②，所以單位是「分」。

④偏差平方的單位：由於是偏差的平方值，所以單位是「分 × 分 = 分^2」（ ？ ）。

④的單位是否有點奇怪呢？因為分數 × 分數沒有任何意義。雖然「m^2」被稱為平方公尺，但是將「分^2」稱為平方分也沒有任何意義。而且偏差平方的平均值是變異數，所以變異數的單位也是「分^2」。所以接下來想將單位轉換成資料的「分」。一如 $\sqrt{9} = 3$，要計算平方之前的值，只需要加上 $\sqrt{}$（根號），所以只要計算根號變異數，就能將單位還原成最初的單位。這個值就稱為標準差。「問題8-1」的標準差則是 $\sqrt{1.2} \fallingdotseq 1.1$。

┌─【統計工具 8-2】 標準差的計算方法 ─────────

● 標準差就是變異數開根號：標準差 = $\sqrt{\text{變異數}}$

└──────────────────────────────

第 2 章

兩種資料之間的關係

要想知道「天氣很熱，冰淇淋就賣得很好」的箇中緣由，就得注意氣溫與冰淇淋銷售個數之間的關係。本章要學習的是如何找出兩種資料之間的關係。

【1】 散布圖與正、負相關

到目前為止，我們介紹了「數學測驗分數」「身高」這類以單一標準收集的資料（單一變量資料）。主題9則要調查變量之間的關係，例如以下這些相關性。

①「擅長數學的人」也擅長「理科」（物理、化學、生物）嗎？

②「追蹤者較多的人，貼文轉貼的次數就比較多嗎」？

在處理①的「數學分數」與「理科分數」，或是處理②的「追蹤者」與「轉貼次數」這類問題時，要先收集問題之中的兩種資料（雙變量資料），再分析資料之間的關係。此時若繪製散布圖，就能一眼看出這兩種變量資料之間的關係。繪製散布圖是了解變量資料關係的第一步，也是非常有效的方法。

問題 9-1　　散布圖

下列表格是5位高中生的數學、理科測驗結果。請根據這張表格繪製散布圖。

	A	B	C	D	E
數學分數	12	34	56	70	90
理科分數	15	30	50	60	80

假設學生A的資料為A（12,15），就可如右圖般，在座標（12,15）這個位置畫點。依照相同的方法在平面替其他的資料畫點之後，得到的圖表就是所謂的散布圖。

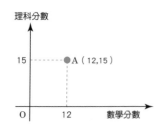

[解答]

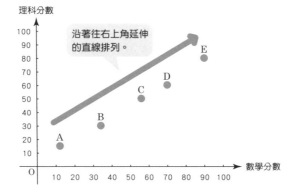

從這張散布圖來看，會發現所有的點沿著往右上角延伸的直線排列，代表數學分數較高時，理科分數也比較高。

畫好散布圖之後，如果發現點沿著右上角的方向分布，就代表這兩個變量之間就有正相關。也就是其中一個變量增加，另一個變量也會跟著增加的傾向。

反之，如果點沿著右下角的方向分布，這兩個變量的關係就是負相關。也就是其中一個變量增加，另一個變量就減少的傾向。

【統計工具 9-1】 正相關與負相關

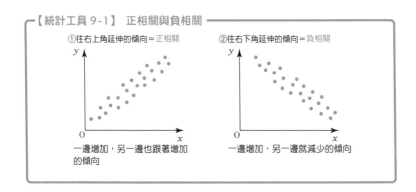

【2】 相關係數與散布圖的關係

下面兩張散布圖的點都有往右上角分布的傾向，所以兩個變量之間都有正相關的關係。不過，散布圖B的點比散布圖A的點更接近直線。這種點在直線附近集中的情況稱為**高度正相關**，而點在直線附近較為分散的情況則稱為**低度正相關**。相關性也是有強弱之分的。

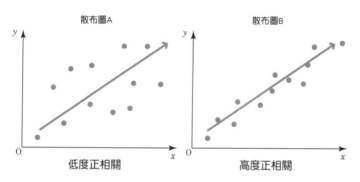

相關性的強弱可利用數值說明，而這個數值稱為**相關係數**。相關係數是介於-1與1之間的值，可用來說明相關性的強弱。

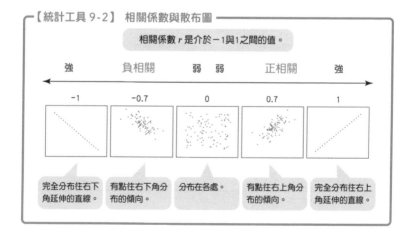

【統計工具 9-2】 相關係數與散布圖

相關係數 r 是介於-1與1之間的值。

強	負相關	弱	弱	正相關	強

-1	-0.7	0	0.7	1

完全分布往右下角延伸的直線。　有點往右下角分布的傾向。　分布在各處。　有點右上角分布的傾向。　完全分布往右上角延伸的直線。

【3】 相關性與因果關係

最後要特別提醒相關係數的重點。

有相關性不代表有因果關係。

雖然數學分數與理科分數有正相關的傾向時,可解讀成下述結論。

「數學分數越高,理科分數也越高」

卻不能斷言兩者之間有下述因果關係。

「因為數學分數較高,所以理科分數也很高」
　　原因　　　　　　　　　　　結果

極端值有時會讓相關係數失真。

從右側的散布圖來看,這兩
個變量似乎有正相關的傾向,
但其實有時候會因為有極端
值,導致相關係數為0,讓我們
以為這兩個變量沒有相關性。
所以我們不能只靠相關係數判

斷變量的特徵與傾向,而是要先畫散布圖再予以解讀。

標準差乘積與共變異數

【1】 將散布圖分成四個區域

主題10要以釐清數學與理科分數的關係為例,說明標準差乘積與共變異數。首先在數學與理科的平均分數各畫一條直線,將散布圖分成四個區域,再將右上與左下稱為「正相關區域」,以及將右下與左上稱為「負相關區域」(下圖)。當正相關區域有許多資料時,代表資料點有往右上角分布的傾向;反之,負相關區域有很多資料時,代表資料點有往右下角分布的傾向。

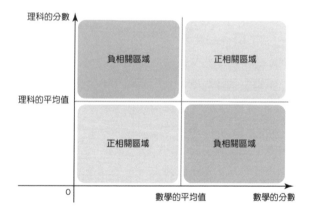

由於接下來要介紹的相關係數是數值,所以讓我們利用數值判斷資料落在正相關區域還是負相關區域,不要只是用肉眼觀察。

【2】 標準差乘積與共變異數

要判斷資料落在正相關區域還是負相關區域,可計算標準差乘積這個值。

問題 **10-1**

下列是A～D四位的數學與理科考試成績。

	A	B	C	D
數學的分數	20	80	10	90
理科的分數	30	40	70	80

（1） 利用標準差乘積了解A～D的分數落在散布圖的正相關區域還是負相關區域。

（2） 計算共變異數，了解數學與理科有無相關性。

　　這次將分數高於平均分數的人稱為「擅長數學的人」，並將分數低於平均分數的人稱為「不擅長數學的人」。經過計算之後發現，擅長數學的人的分數減掉平均分數之後的值（數學的標準差）為正數，不擅長數學的人的分數減掉平均分數之後的值為負數。

- 擅長數學的人：(數學的分數)－(數學的平均分數) > 0 ← 標準差為正數
- 不擅長數學的人：(數學的分數)－(數學的平均分數) < 0 ←標準差為負數

　　理科同樣能以相同的方式處理，所以標準差的符號會出現下頁圖中的4種組合。當我們讓數學與理科的標準差相乘（這個值稱為標準差乘積），就會發現在正相關區域之中的標準差乘積為正數，在負相關區域之中的標準差乘積為負數。換言之，可利用標準差乘積的符號，判斷資料落在正相關區域還是負相關區域。

標準差乘積＝(數學的標準差)×(理科的標準差)
　標準差乘積 > 0，代表資料落在正相關區域
　標準差乘積 < 0，代表資料落在負相關區域

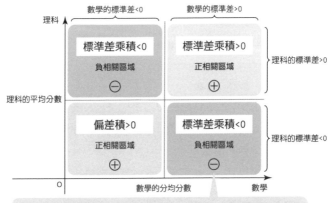

舉例來說，數學的標準差＞0，理科的標準差＜0的時候，乘積的符號就會是負號。

接著要說明的是共變異數。共變異數可用來調查兩個變量的相關性。假設正相關區域有許多資料，可得出「正相關」這個結論；反之，負相關區域若有很多資料，則可得出「負相關」這個結論。也就是說，從標準差乘積的角度來看，正的資料越多代表兩個變量為正相關，負的資料越多代表負相關，因此，為了知道是正的標準差乘積比較多，還是負的標準差乘積比較多，就要計算標準差乘積的平均值，而這個平均值就稱為「共變異數」。當共變異數為正數，代表兩個變量為正相關，負數則為負相關。接下來讓我們根據上述的說明解題吧。

計算標準差乘積與共變異數的時候，試著在下列的表格填入數值，就能快速得到結果。

	數學的分數	理科的分數	②數學的標準差	②理科的標準差	③標準差乘積
A	20	30			
B	80	40			
C	10	70			
D	90	80			
	①	①	(0)	(0)	④共變異數

接著說明填滿表格空格的步驟。第一步先計算數學與理科的平均值，將結果填入①。第二步要計算數學與理科的標準差，將結果填入②。接著讓數學與理科的偏差值相乘，將結果填入③。最後再計算填入③的標準差的平均值（這個值就是共變異數）。如此一來就能得到下列的表格（其實②與③不用特地填入算式）。

	數學	理科	②數學的標準差	②理科的標準差	③標準差乘積
A	20	30	(20-50＝)-30	(30-55＝)-25	(-30)×(-25)＝750
B	80	40	(80-50＝)30	(40-55＝)-15	30×(-15)＝-450
C	10	70	(10-50＝)-40	(70-55＝)15	(-40)×15＝-600
D	90	80	(90-50＝)40	(80-55＝)25	40×25＝1000
	①50	①55	(0)	(0)	④共變異數700

[解答]

（1） A與D的標準差乘積為正數，所以資料落在正相關區域，B與C的標準差乘積為負數，所以資料落在負相關區域。

（2） 共變異數為正數的700，所以數學與理科為正相關。

【統計工具10-1】 標準差乘積與共變異數

• 標準差乘積
①計算方式：標準差乘積＝（2個變量的）標準差的乘積
②使用方法：標準差乘積＞0代表資料落在正相關區域
　　　　　　標準差乘積＜0代表資料落在負相關區域
• 共變異數
①計算方式：共變異數＝標準差乘積的平均值
②使用方法：共變異數＞0代表正相關
　　　　　　共變異數＜0代表負相關

相關係數

【1】 相關係數

共變異數的符號可確認兩變量之間是否具有相關性,而相關係數能進一步了解相關性的強弱,是非常方便好用的值。計算相關係數的公式非常簡單,就只是以標準差除以共變異數而已。以數學與理科的分數為例,只需要利用下列的公式就能算出相關係數。

$$數學與理科的相關係數 = \frac{數學與理科的共變異數}{數學的標準差 \times 理科的標準差}$$

雖然共變異數能得知兩個變量是否相關,但是只以標準差除之的相關係數有共變異數沒有的特性。以下為大家介紹相關係數的公式與方便好用的性質。

【統計工具 11-1】 相關係數

①計算方式

以下列的公式計算兩個變量 x 與 y 的相關係數。

$$x 與 y 的相關係數 \, r = \frac{x 與 y 的共變異數}{x 的標準差 \times y 的標準差}$$

②特徵

相關係數 r 具有下列特徵。

- 相關係數是介於 -1 與 1 之間的值
- 可透過相關係數了解相關性的強弱

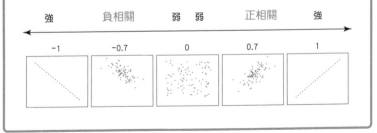

| 強 | 負相關 | 弱 | 弱 | 正相關 | 強 |

| -1 | -0.7 | 0 | 0.7 | 1 |

問題 11-1　相關係數

　　在調查某位高中生的打工時數（x小時）與每個月的零用錢（y元）的關係之後，發現x的標準差為1.4，y的標準差為1.2，x與y元的共變異數為0.56。請大家計算相關係數r，了解打工時數與每個月零用錢的關係。相關係數請四捨五入至小數點第二位為止。

[解答]

使用上一個主題的【統計工具10-3】計算打工時數（x小時）與每個月零用錢（y元）這兩個變量的相關係數。

$$r = \frac{0.56}{1.4 \times 1.2} = \frac{0.56}{1.68} = 0.33\cdots \qquad \therefore \quad 0.3$$

　　由於相關係數為0.3，所以打工時數與每個月零用錢之間存在著正相關的關係。雖然相關性不強，但可做出打工時間較長，每個月零用錢較多的結論。

使用符號的話⋯

　　假設變量為x與y（以上述的題目為例，x是打工時數，y是每個月零用錢），那麼兩者的標準差可分別以 Sx、Sy 代表，變異數則可分別以 Sx^2、Sy^2 代表。再者，變量x、y的共變異數可利用 Sxy 代表。此時的相關係數r的公式就可以整理成下列的內容。

　　變量x與y的相關係數r的公式如下。

$$r = \frac{s_{xy}}{s_x \times s_y}$$

【2】 計算相關係數的方法

要計算相關係數只需要以兩個標準差除以兩個變量的共變異數即可,但這計算還是有點複雜,所以這次要仿照主題10計算共變異數的方法,試著透過表格算出相關係數。接下來要以下列的題目說明這個計算流程。

問題 11-2 相關係數

假設5位高中生的數學小考分數為 x,理科小考分數為 y,每位高中生這兩科的分數為下列表格的數值,而且這兩科的滿分都為10分。請大家計算數學小考分數與理科小考分數的相關係數。要另外提醒的是 $23.04 = 4.8^2$。

數學分數 x	1	0	3	5	1
理科分數 y	3	3	4	9	1

【統計工具 11-1】 計算相關係數的方法

• 根據取得的資料填寫下列的表格。

x	y	x標準差	y標準差	x標準差平方	y標準差平方	標準差乘積
		②	②	③	③	④
		②	②	③	③	④
...	...	....	....	....	....	....
①	①			⑤x變異數	⑤y變異數	⑥共變異數

步驟1:計算變量 x 與 y 的平均值,將結果填入①
步驟2:計算標準差,將結果填入②
步驟3:將②的每個值乘以平方(標準差平方),將結果填入③
步驟4:在各列的標準差乘積填入④
步驟5:計算變異數,將結果填入⑤
步驟6:計算 x 與 y 的共變異數,將結果填入⑥

$$相關係數\ r = \frac{x與y的共變異數}{x的標準差 \times y的標準差} = \frac{⑥}{\sqrt{⑤} \times \sqrt{⑤}}$$

製作下列表格，再依照步驟算出相關係數。

數學	理科	x標準差	y標準差	x標準差平方	y標準差平方	標準差乘積
1	3	②	②	③	③	④
0	3	②	②	③	③	④
3	4	②	②	③	③	④
5	9	②	②	③	③	④
1	1	②	②	③	③	④
①	①			⑤x變異數	⑤y變異數	⑥共變異數

【步驟1】計算平均值，將結果填入表格的①

【步驟2】計算標準差，將結果填入表格的②

【步驟3】根據②算出標準差平方，將結果填入表格的③

【步驟4】根據②算出標準差乘積，將結果填入表格的④

【步驟5】計算表格③的平均（變異數），將結果填入表格的⑤（加上 $\sqrt{}$ 就是標準差）

【步驟6】計算表④的平均值（共變異數），將結果填入表格的⑥

根據上述的步驟計算之後，可得到下列表格的內容。

數學	理科	x標準差	y標準差	x標準差平方	y標準差平方	標準差乘積
1	3	-1	-1	1	1	1
0	3	-2	-1	4	1	2
3	4	1	0	1	0	0
5	9	3	5	9	25	15
1	1	-1	-3	1	9	3
平均2	平均4	(0)	(0)	分散3.2	分散7.2	共分散4.2

[解答]

根據上方表格的內容計算相關係數，可得到下列的結果。

相關係數 $r = \dfrac{4.2}{\sqrt{3.2} \times \sqrt{7.2}} = \dfrac{4.2}{\sqrt{23.04}} = \dfrac{4.2}{\sqrt{4.8^2}} = \dfrac{4.2}{4.8} = 0.875$

兩種資料之間的關係①

【1】 質化資料 × 質化資料 ～交叉統計表～

右表是針對50位高中生、50位大學生詢問有無打工經驗的結果。這種將項目配置在垂直與水平方向的表格稱為交

	曾打工	未曾打工	合計
高中生	20	30	50
大學生	40	10	50
合計	60	40	100

叉表（又稱列聯表）。這張表格很適合用來判斷受訪對象為高中生還是大學生，以及有無打工經驗這兩種質化資料（→ P.10）之間的相關性。比方說，可從右上角的交叉表得知沒有打工經驗的高中生有30人，有打工經驗的人數為60人（＝20＋40人）。

此外，交叉表也常用來比較兩個整體數量不同的集團，因此若以比例取代實際的數量（次數），有時會比較容易閱讀。若是將右上角的交叉表的每個次數都除以總數100，就

	曾打工	未曾打工	合計
高中生	0.2	0.3	0.5
大學生	0.4	0.1	0.5
合計	0.6	0.4	1

能得到右邊這張交叉表，也就能從這張交叉表得到「在高中生與大學生之中，有20％是有打工經驗的高中生」這種分析結果。

問題 12-1

　　某間高中的一年級與二年級學生接受了「蒟蒻絲檢定」。在接受檢定之前，有些學生讀過《猴子也能完全了解蒟蒻絲》這本參考書，但有些人沒有，因此收集了學年、是否讀過這本參考書以及及格與否這3種資料，再整理成下列的表格。

學年	使用	及格	學年	使用	及格	學年	使用	及格
1	○	○	2	○	○	2	×	○
1	○	○	2	○	○	2	×	○
1	○	×	2	○	○	2	×	○
1	○	×	2	○	○	2	×	○
1	○	×	2	○	○	2	×	×
1	×	○	2	○	○	2	×	×
1	×	×	2	○	×	2	×	×
1	×	×	2	○	×	2	×	×
1	×	×	2	○	×	2	×	×
1	×	×	2	○	×	2	×	×
1	×	×	2	×	○	2	×	×

　　接著讓我們完成（1）～（3）的交叉表，進一步分析資料吧。要注意的是，在（1）的交叉表填入的是次數，（2）與（3）是四捨五入至小數點第2位的百分率（％）。

（1）

		合格	不及格
使用	1 年級		
	2 年級		
未使用	1 年級		
	2 年級		

（2）

	合格	不及格
使用		
未使用		

（3）

	合格	不及格
1 年級		
2 年級		

[解答]

（1）的交叉表（人）

		合格	不合格
使用	1年級	2	3
	2年級	6	4
未使用	1年級	1	5
	2年級	5	7

（2）的交叉表（％）

	合格	不合格
使用	24.2	21.2
不使用	18.2	36.4

（3）的交叉表（％）

	合格	不合格
1年級	9.1	24.2
2年級	33.3	33.3

（1）的分析範例「讀過參考書的人應該不多」

（2）的分析範例「是否讀過參考書對及格與否有一定的影響」

（3）的分析範例「除了參考書之外，學年對於及格與否也有影響」

從上述這個問題就可以了解，改變觀點或是思考資料的次數與比例，就能透過交叉表讀取各種特徵。

┌─【統計工具 12-1】 質化資料 × 資化資料 ～交叉表～ ─────
│ ①分析質化資料 × 資化資料的時候可使用交叉表。
│ ②調整觀點（分析對象的兩種資料），解讀資料的方式也會改變。
└───────────────────────────────────────

【2】 質化資料 × 量化資料 ～並排盒鬚圖～

要知道質化資料與量化資料（→ p.10）的相關性，可將盒鬚圖並排在一起，再進行比較。

問題 12-2

下列是依照年齡層分類月薪（千元）資料的盒鬚圖。

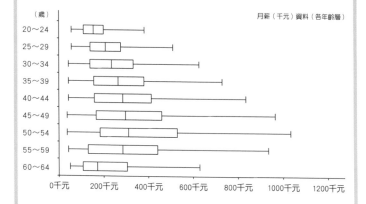

月薪（千元）資料（各年齡層）

足以說明整體傾向的①還是②呢？

① 中位數與四分位數範圍都在 50～54 歲的區間增加，之後則開始減少。

② 平均值持續增加。

[解答]

由上至下依序觀察每張盒鬚圖的中位數（盒子裡面的線）與四分位數範圍（盒子的寬度），就會知道①的主張是對的。換言之，直到退休的前幾年為止，都是在第一線工作，收入也持續增加，但是到了退休前後的幾年，收入就開始下滑。此外，四分位數範圍在 50 歲之前都是增加的這點，有可能在這個年齡之前，有收入的差距持續擴大的傾向。

此外，盒鬚圖很難看出與平均值有關的資訊，所以②的主張不適當。

兩種資料之間的關係②

【1】 量化資料 × 量化資料
～散布圖與盒鬚圖的組合～

> 問題 13-1
>
> 　　下列是10位高中生（A～J）的數學與理科考試結果的表格。請利用散布圖與盒鬚圖分析這個考試結果。
>
> | | A | B | C | D | E | F | G | H | I | J |
> |---|---|---|---|---|---|---|---|---|---|---|
> | 數學 | 76 | 61 | 94 | 72 | 57 | 34 | 45 | 78 | 12 | 98 |
> | 理科 | 86 | 78 | 100 | 54 | 51 | 50 | 56 | 87 | 23 | 96 |

　　由於手上有數學與理科的分數，所以通常會以散布圖進行分析，但其實還可以根據這兩種資料額外繪製盒鬚圖，再以這兩種圖表進行分析。

①將A到J的學生的數學與理科資料整理成一組，再繪製散布圖。

A(76, 86)	B(61, 78)	C(94, 100)	D(72, 54)	E(57, 51)
F(34,50)	G(45,56)	H(78,87)	I(12,23)	J(98,96)

②接著根據數學分數繪製盒鬚圖，並將盒鬚圖放在散布圖的橫軸下方，再根據理科分數繪製另一張盒鬚圖，並將盒鬚圖放在散布圖的直軸旁邊。

> 數學分數：76　61　94　72　57　34　45　78　12　98

> 理科分數：86　78　100　54　51　50　56　87　23　96

[解答範例]

散布圖與兩張盒鬚圖可組成下列的圖表。

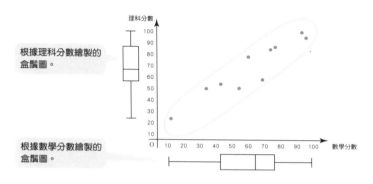

根據理科分數繪製的盒鬚圖。

根據數學分數繪製的盒鬚圖。

從這張圖表可得到下列的分析結果。

[分析結果1] 從散布圖可以發現數學與理科的分數呈正相關。

[分析結果2] 從理科的盒鬚圖可以發現盒子較短，資料較密集。

[分析結果3] 從數學的盒鬚圖可以發現盒子與鬚線較長，所以分數的落差較為明顯。

[分析結果4] 從兩張盒鬚圖可以發現，理科的中位數大於數學的中位數。

話說回來，將散布圖與盒鬚圖放在一起有什麼好處？散布圖的資料太多時，整張圖會擠滿了很多黑點，讓人不知該從何處開始分析。這時候若能針對直軸與橫軸的變量分別繪製盒鬚圖，就會比較知道該從何處開始分析。也就是說，盒鬚圖可以補強散布圖的缺點。

┌【統計工具 13-1】 散布圖與盒鬚圖 ─────

• 當散布圖擠滿了很多「‧」，讓人不知該從何處開始分析的時候，可試著另外繪製盒鬚圖，增加分析的線索。

【2】 量化資料 × 量化資料 ～直方圖與盒鬚圖～

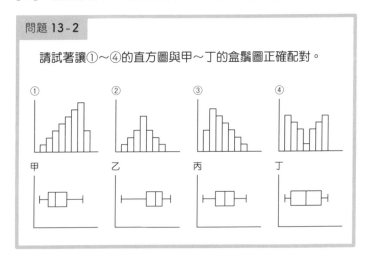

問題 13-2

請試著讓①～④的直方圖與甲～丁的盒鬚圖正確配對。

① ② ③ ④

甲 乙 丙 丁

　　最後要介紹的是利用直方圖與盒鬚圖搭配的分析方式。這種方式是將盒鬚圖放在直方圖下面，判讀兩者之間的對應關係。<u>直方圖越高的部分代表資料越集中，與之對應的盒鬚圖的盒子或鬚線就會越短。直方圖越低的部分代表資料越少，盒鬚圖的盒子或鬚線的長度就會變長。</u>

[1] 直方圖的形狀對稱 ⇄ 盒鬚圖的中位數也會落在中心點，而且會呈對稱的形狀

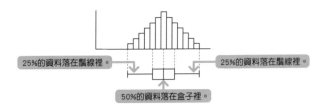

25%的資料落在鬚線裡。　　25%的資料落在鬚線裡。

50%的資料落在盒子裡。

[2] 直方圖的形狀不對稱 ⇄ 盒鬚圖也不會對稱

50%的資料落在盒子裡。

由於盒鬚圖右側的鬚線代表的是25%的資料，但是當直方圖呈右側傾倒的形狀，代表右側的次數較少，所以這條鬚線也會拉長。

左右對稱的直方圖與左右對稱的盒鬚圖對應。問題②與④的直方圖都是左右對稱的形狀，所以會與丙或丁對應。

　　由於②的資料都落在中位數附近，盒鬚圖的盒子長度應該比較短，而④則是離中位數越遠，次數越多的形狀，所以盒鬚圖的盒子應該比較長。因此，②與丙對應，④與丁對應才對。

　　後半的重點在於直方圖往哪邊傾斜，哪邊的鬚線就會拉長。①的直方圖是往左側傾斜（擴張），所以與這張直方圖對應的是左側鬚線較長的乙，而③的直方圖則是往右側傾斜，所以與這張直方圖對應的是右側鬚線較長的甲。

[解答]
①－乙、②－丙、③－甲、④－丁

┌【統計工具 13-2】 直方圖與盒鬚圖
│ ①直方圖越高，盒鬚圖的盒子或鬚線越短。
│ ②直方圖往哪個方向塌陷（傾斜），哪個方向的鬚線就越長。

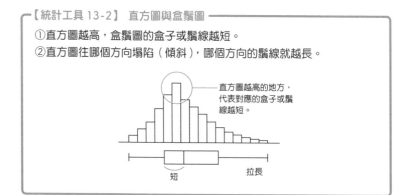

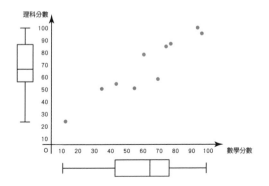

第 **3** 章

機率分布與
統計推論的準備

若是「擲3次銅板，3次都出現正面」，就能斷言擲銅板常出現正面嗎？說不定是剛好連續出現3次正面而已。接下來讓我們學習從統計的角度回答這類問題的方法吧。

【1】女高中生之間的對話

本書後半段的主題是統計學的推論,而統計學的推論分成估計與檢定兩種。這個主題的目標是讓各位讀者對於估計與檢定有個概念,不會先帶大家解題。

> 我跟佐佐木交往的話,聊天應該很無趣吧,所以我不會跟佐佐木交往的。

接著讓我們分成三個階段,分析這段對話。

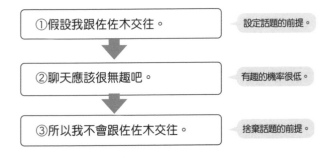

①假設我跟佐佐木交往。 —— 設定話題的前提。

②聊天應該很無趣吧。 —— 有趣的機率很低。

③所以我不會跟佐佐木交往。 —— 捨棄話題的前提。

讓我們稍微讓這段對話帶點統計的色彩吧。

> 首先建立「我與佐佐木交往」這個虛無假設吧。與他交往之後,聊天會很有趣的機率很可能低於5%,所以捨棄我與佐佐木交往這個虛無假說。

這位女高中生為了提出「我不會跟佐佐木交往」的主張,將話題的起點(假說)設定為

「我會跟佐佐木交往」

由於這個假設是最後要捨棄的假設，所以稱為虛無假設。反之，真正想主張的假設，也就是「我不會跟佐佐木交往」的假設稱為對立假說。

①假設交往

・無虛無假設
　與佐佐木交往。
・對立假設
　不會與佐佐木交往。

②一定很無聊

聊天很有趣的
機率超低。

③所以不會交往

捨棄虛無假設。

也就是說，在以虛無假設為前提的情況下，「聊天很有趣」的機率很低。因此可以得到下述的推論結果。

若以虛無假設為前提，就會發生不可能發生的事情，所以做為前提的虛無假設豈不是不成立？因此捨棄虛無假設，留下對立假設的「我不會與佐佐木交往」這個結果。

這裡用來判斷「不可能發生」的機率稱為顯著水準或是風險率，還請大家先記住這兩個名詞。在進行統計時，常將顯著水準設定為5％或1％，意思就是當某個事件的機率低於5％或1％，就會得出「發生了不可能發生的事情」這種結論。

只要了解上述的流程，就能了解本次主題的估計與檢定。不過，上述的內容只是個概要，接下來要進一步說明估計與檢定的內容。

【2】 統計學的推論就是 ～估計與檢定～

[1] 估計就是～從部分的資料推論整體的資料～

統計主要分成兩大種,一種是健康檢查這種收集所有的資料,再分析資料的特徵與傾向的描述統計,另一種則是無法收集所有資料,只能從部分資料推論整體資料的推論統計。一如我們無法得知全日本的木蝨體長有多少,只能收集部分木蝨的體長再進行推論。這兩種統計會在主題20的時候進一步說明,第4章之後也會稍微練習推論統計的部分。

> 在學校收集到100隻木蝨。測量這些木蝨的體長後,發現平均值為5公釐。這樣可以做出全日本的木蝨的平均體長為5公釐這個結論嗎?

在學校收集到的木蝨的平均體長當然不能直接當成全日本的木蝨的平均體長。因此我們要以收集到的木蝨,推論全日本的木蝨。這個部分就稱為估計。估計的方法有兩種,一種是「木蝨的平均體長有95%的機率為5mm」這種直接估計數值的點估計,以及「木蝨的平均體長有95%的機率介於4.8～5.2mm」這種數值介於某個範圍的區間估計。

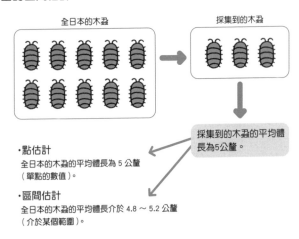

全日本的木蝨 　　　採集到的木蝨

採集到的木蝨的平均體長為5公釐。

•點估計
全日本的木蝨的平均體長為5公釐（單點的數值）。

•區間估計
全日本的木蝨的平均體長介於4.8～5.2公釐（介於某個範圍）。

［2］ 何謂檢定～平均分數65分與66分有無差異？～

> 高針對高中3年1班與2班實施數學測驗之後，發現1班的平均分數為65分，2班的平均分數為66分。此時可以說2班的數學學力比較高嗎？

可能有人會在讀完題目之後覺得：「這是什麼問題啊？平均分數較高的二班當然比較厲害啊！」若只比較平均分數的高低，或許真是如此，但在統計的世界裡，就不能如此斷定，那是因為每位學生不一定都能發揮潛力，考到應有的分數。換句話說，有可能只是二班的平均分數剛好比較高而已。因此，透過統計驗證1班與2班的平均分數有無差異的過程就稱為檢定。

以上就是估計與檢定的概要。前面提到，估計就是以部分的資料推論整體資料的統計方式。比方說，根據幾百個家庭的收視率推論全日本的收視率，就是所謂的估計。而檢定則是在可以預測結果時，調查這個結果是否為真的統計方式。其實估計與檢定的邏輯是一樣的，所以接下來的主題15會介紹檢定的概念。

檢定的邏輯

【1】 檢定的邏輯與步驟

主題15會依照檢定的步驟說明需要一點時間適應的檢定邏輯。檢定的內容會在主題30進一步解說，所以在此先了解檢定的邏輯與流程即可。

問題 15-1

假設眼前有一枚你覺得出現正反面的機率不平均的硬幣。你擲了5次這枚硬幣之後，5次都出現正面。此時可以斷定這枚硬幣出現的正面與反面的機率不平均嗎？

（1） 以顯著水準5％進行檢定吧。

（2） 以顯著水準1％進行檢定吧。

【步驟1】建立虛無假設

真正的主張是「硬幣的正反面出現機率不平均」，但檢定總是從相反的主張為起點（假設），所以這次的起點是「硬幣的正反面出現機率均等」。若問為什麼會如此假設，是因為假設硬幣的正反面出現機率相同，那麼出現正面或反面的機率就會是0.5，也就能以機率的方式計算，而且就算主張「正反面出現的機率不同」，也不知道出現正面的機率有多少。由於這次的假設不是真正的主張，而是希望不會成真的主張，所以這種假設在檢定的世界又稱為虛無假設，而真正的主張，也就是「硬幣的正反面出現機率不同」則稱為對立假設。

虛無假設：硬幣的正反面出現機率相同。

對立假設：硬幣的正反面出現機率不同。

【步驟2】計算實際發生的機率。

從虛無假設來看，投擲一枚硬幣之後，出現正面的機率為0.5。雖然這次擲了5次硬幣都出現正面，但計算機率之後（利用【統計工具17-2】計算），可以得到

$$0.5 \times 0.5 \times 0.5 \times 0.5 \times 0.5 = 0.03125（約3％）$$

【步驟3】進行判斷。

　　目前已知的是，擲5次硬幣，5次都出現正面的機率約為3％，而我們要根據這個機率判斷這個在眼前發生的事件究竟「是不可能發生的事情」，還是「有可能發生的事情」。判斷的基準就是「顯著水準」。一開始的（1）設定為顯著水準5％，而這個設定的意思「只要低於5％的機率」就可以判斷為「不可能發生的事情」。由於在步驟2算出的機率約為3％，所以在顯著水準為5％的情況下，連續出現5次正面的事件屬於「不可能發生的事情」。由於在現實世界發生了這種不可能發生的事情很奇怪，所以可斷定作為計算機率前提的虛無假設不可能成立（也可說成拒絕這個虛無假設），因此剩下對立假設，也就是主張這枚硬幣的正反面出現機率不一致。

　　再者，（2）設定的顯著水準為1％，所以只要機率低於1％，就可以判斷為「不可能」，而在這種情況下，步驟2算出的機率代表這個事件「有可能發生」，所以無法拒絕虛無假設。由此可知，檢定的結果會隨著顯著水準的設定而改變（顯著水準通常設定為5％或1％）。

［解答］

（1）　硬幣的正反面出現機率不同。

（2）　硬幣的正反面出現機率相同。

話說回來，在上述的題目之中，只丟了5次硬幣對吧？若次數不同，或許會有不同結果。比方說，下面這個擲硬幣次數過少的問題。

假設眼前有一枚你覺得出現正反面的機率不平均的硬幣。你擲了3次這枚硬幣之後，3次都出現正面。此時可以斷定這枚硬幣出現的正面與反面的機率不平均嗎？假設顯著水準為5%。

〔解答〕

【步驟1】建立「硬幣的正反面出現機率相同」的虛無假設。

【步驟2】擲3次硬幣都出現正面的機率為

$$約為 0.5 \times 0.5 \times 0.5 = 0.125（12.5\%）$$

【步驟3】連丟3次硬幣都出現正面的機率為12.5%，所以不算是不可能發生的事情。因此，無法拒絕虛無假設，硬幣的正反面出現機率相同。

【統計工具 15-1】　檢定的基本流程

【步驟1】假設與主張相反的內容（虛無假設）。

【步驟2】計算事件實際發生的機率。

【步驟3】若是發生了不可能發生的事情，代表可以拒絕虛無假設這個計算機率的前提，主張也得以成立。

【2】　兩種類型的判斷錯誤～第一與第二類型錯誤～

有三位女高中生A、B、C正在聊男朋友的事情。

A：我男友連續5次約會都遲到耶，我是不是該跟他分手啊。

B：什麼？妳男朋友不是很好嗎？只是剛好這幾次遲到而已啦，別因為這樣就分手，否則就犯了第一類型錯誤喔。

C：是這樣嗎？連續遲到5次很沒誠意耶，分一分比較好啦，不分就犯了第二類型錯誤。

整理上述的對話之後，可得到下列的表格。

	不分手	分手
不分手才正確	正確的判斷	第一類型錯誤
分手才正確	第二類型錯誤	正確的判斷

從這張表格可以發現「有兩種判斷錯誤」。

①不分手才對，結果決定分手的判斷錯誤（表格的右上角）。
②分手才對，結果決定不分手的判斷錯誤（表格的左下角）。

在統計學的世界裡，不可以拒絕虛無假設（不與男朋友分手），卻判斷可以拒絕虛無假設的判斷錯誤稱為第一類型錯誤；反之，應該拒絕虛無假設，卻不拒絕的判斷錯誤稱為第二類型錯誤。檢定有可能會發生這類錯誤，尤其第一類型錯誤參考的是顯著水準（5％或1％）。由於顯著水準是判斷的標準，也是造成判斷錯誤的原因，所以又稱為風險率。

	接受虛無假設	拒絕虛無假設
虛無假設為真	正確的判斷	第一類型錯誤
虛無假設為假	第二類型錯誤	正確的判斷

【統計工具 15-2】 第一類型錯誤與第二類型錯誤

第一類型錯誤
• 不該拒絕卻拒絕的錯誤。
第二類型錯誤
• 該拒絕卻不拒絕的錯誤。

場合的數量（排列與組合）

【1】 階乘（所有元素排成1列的情況）

從主題16開始，要準備進入第4章。

> 問題 16-1
>
> A、B、C、D 4個人排成1排的方法有幾種？

【下一頁的樹狀圖①的說明】

- 排在第1個位置的人，總共有A至D 4種可選擇。
- 隨著第1個位置的人不同，能排在第2個位置的人也不同，且都有3種排法。例如，當第1個位置的人是A，能排在第2個位置的是B、C、D，也就有3種排列方式，所以要「×3」。
- 排在第3個位置的人同樣會隨著第2個位置的人而不同，且只剩下2個人可以排，所以這個位置每換一個人，就會多出2種排列方式。例如，第1個位置是A，第2個位置是B的話，第3個位置可以是C或D，所以要「×2」。
- 最後則是只剩1個人，所以要「×1」。

［解答］

根據下一頁的①計算，可得到 $4 \times 3 \times 2 \times 1 = 24$［種］

遇到這種不同的4個東西排成一排的情況時，可從4開始遞減，每遞減一次，相乘一次。「$4 \times 3 \times 2 \times 1$」通常會寫成「$4!$」，稱為「4的階乘」。

┌─【統計工具 16-1】 階乘 ──────────

- n 個不同的東西排成1列的排列方式共有

    $n! = n \times (n-1) \times (n-2) \times \cdots\cdots \times 3 \times 2 \times 1$「種」

  （n 以下的所有自然數相乘）

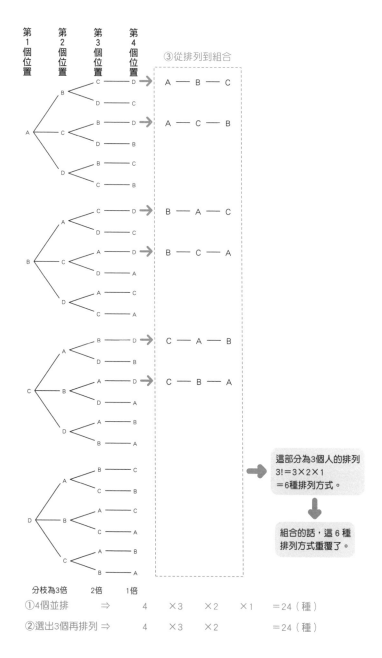

第1個位置　第2個位置　第3個位置　第4個位置

③從排列到組合

A — B — C

A — C — B

B — A — C

B — C — A

C — A — B

C — B — A

這部分為3個人的排列
3!＝3×2×1
＝6種排列方式。

組合的話，這6種
排列方式重覆了。

	分枝為3倍	2倍	1倍	
①4個並排 ⇒	4	×3	×2	×1 ＝24（種）
②選出3個再排列 ⇒	4	×3	×2	＝24（種）

【2】 排列（選出幾個再排列的情況）

> 問題 16-2
>
> 　　從 A、B、C、D 這 4 個人之中，選出 3 個人排成一排的方法有幾種？

　　這次的情況是只需要選出幾個人排列。這種從 4 個人選出 3 個人的排列方法有幾種會寫成 $_4P_3$ 這個符號，而這種從 4 個人之中選擇 3 個人的過程稱為排列。請大家一邊看著前一頁的樹狀圖的②，一邊閱讀下列的說明。這種情況算是比較單純，可以想成下述意思。

　　　　　　　選出幾個排列就是放棄「在中途排列」

　　也就是說，選出需要的數量以及進行排列之後，剩下的就不需要再排列。

[解答]

從前頁的樹狀圖的②可以得到 $_4P_3 = 4 \times 3 \times 2 = 24$ [種]

　　雖然答案與所有人一起排的時候一樣，但只要觀察一下公式，就會發現「相乘的數字的個數」不一樣（所有人一起排的情況是 $4 \times 3 \times 2 \times 1$，選 3 個人再排列的情況是 $4 \times 3 \times 2$）。

　　$4! = 4 \times 3 \times 2 \times 1$ 　　　排到最後一個也要排。

　　$_4P_3 = 4 \times 3 \times 2$ 　　　排到第 3 個就不用再排。

　　了解上述的理論之後，就能了解下列的公式了。

┌─【統計工具 16-2】 排列 ─────────────

• 從 n 個不同的元素挑出 r 個排成 1 排的排列方法總數為

　　$_nP_r = n \times (n\text{-}1) \times (n\text{-}2) \times \cdots\cdots \times (n\text{-}r+1)$ 「種」

（從 n 開始依序讓 r 個自然數相乘）

【3】 組合（只選擇幾個元素的情況）

問題 16-3

從 A、B、C、D 這 4 個人之中選擇 3 個人的方法有幾種呢？

最後則是不排列只選擇的情況。這種從 4 個人選擇 3 個人的方法有幾種會寫成 $_4C_3$ 這個符號，而這種從 4 個人選擇 3 個人的過程稱為**組合**。雖然這部分的計算與從 4 個人選出 3 個人的排列一樣，卻有一個地方與排列的時候完全不同。那就是選擇 3 個人的時候，不需要管順序這點。

排列	組合
A-B-C A-C-B B-A-C B-C-A C-A-B C-B-A	ABC
3!種	1 種

比方說，選擇的是 A、B、C 這 3 個人再排列的時候，從 75 頁的樹狀圖的③可以知道共有 6 種排列方式，但如果不考慮順序的話，這 6 種只能算是 1 種。

從 4 個人選出 3 個人再排列的方法共有 $_4P_3$ ［種］，但若不管順序的話，可以從右上角的表格得知，每 3! 種都是重覆的，因此只要以 A、B、C 的排列 3! 除之即可。

［解答］

$$_4C_3 = \frac{4 \times 3 \times 2}{3!} = \frac{4 \times 3 \times 2}{3 \times 2 \times 1} = 4 \text{［種］}$$

【統計工具 16-3】 組合

• 從 n 個不同的東西選出 r 個的方法共有

$$_nC_r = \frac{_nP_r}{r!} = \frac{n \times (n-1) \times (n-2) \times \cdots\cdots \times (n-r+1)}{r \times (r-1) \times \cdots\cdots \times 2 \times 1}$$

分子的部分是從 n 開始，依序讓 r 個自然數相乘，分母的部分是讓 r 個以下的自然數全部相乘）

第 3 章 機率分布與統計推論的準備

機率的基本知識
與反覆試行的機率

【1】 機率的基本知識

問題 **17 - 1**

請計算擲出2顆骰子後,點數總和大於等於9的機率。

機率就是事件發生的概率。而「擲骰子」或是「丟硬幣」這種行為稱為試行,試行的結果,也就是發生的事情稱為事件,這些都算是機率的基本用語。比方說,對擲骰子這個試行而言,「出現偶數點數」是事件。機率的計算方式可利用上述的用語整理成下列的公式。

【統計工具 17-1】 計算機率的方法

• 進行某項試行之後,發生事件A的機率可利用下列的公式計算。

$$P(A) = \frac{\text{發生事件A的情況的數量}}{\text{所有可能發生的情況的數量}}$$

這裡的重點在於「所有事件的可能性都相同」(equally likely)。

	1	2	3	4	5	6
1	2	3	4	5	6	7
2	3	4	5	6	7	8
3	4	5	6	7	8	⑨
4	5	6	7	8	⑨	⑩
5	6	7	8	⑨	⑩	⑪
6	7	8	⑨	⑩	⑪	⑫

[解答]

擲出2顆骰子之後,總共會出現36種情況。從右表可以發現,點數總和大於等於9的情況共有10種。

因此,點數總和大於等於9的機率為

$$P(A) = \frac{\text{發生事件}A\text{的情況的數量}}{\text{所有可能發生的情況的數量}} = \frac{10}{36} = \frac{5}{18}$$

【2】 獨立試行的機率

　　請計算從 52 張撲克牌之中，每次抽 1 張，共抽 2 次，結果 2 張都為紅心的機率有多少。要注意的是，抽出撲克牌之後，要將撲克牌放回牌堆。

　　這次的問題進行了「第 1 次試行」與「第 2 次試行」這 2 次試行。

　　在這次「將第 1 張抽出的撲克牌放回牌堆」的情況下，抽第 2 張撲克牌的時候，與第 1 張撲克牌可說是毫無關係。也就是說，第 1 次的結果不會對第 2 次的結果造成影響。這種試行又稱為獨立試行。

　　在這兩次試行為獨立的情況下，可先計算這兩次試行的機率，再讓這兩個機率相乘，就能算出這道題目的答案。

┌─【統計工具 17-2】 獨立試行的機率 ──────────

● 假設兩個試行彼此獨立，而第 1 次試行的結果為事件 A，另一個試行的結果為事件 B 的機率為

　　（發生事件 A 的機率）×（發生事件 B 的機率）

└──────────────────────────────

［解答］

52 張撲克牌之中，紅心的撲克牌共有 13 張，所以這題的答案為

（在第 1 次試行抽到紅心的機率）×（在第 2 次試行抽到紅心的機率）

$$= \frac{13}{52} \times \frac{13}{52} = \frac{1}{16}$$

【3】 反覆試行的機率

問題 17-3

請計算丟同一枚硬幣3次，出現2次正面的機率有多少？

最後要說明的是反覆試行。反覆試行就是重複同一件事很多次的試行。由於每次的試行都是獨立的，所以反覆試行的機率只需要讓每次試行的機率相乘就能求出。此時的重點在於依序讓第1次、第2次、第3次……第 n 次相乘，反覆試行必須注意順序。

請想像丟同一枚硬幣3次，出現2次正面的情況。

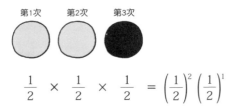

$$\frac{1}{2} \times \frac{1}{2} \times \frac{1}{2} = \left(\frac{1}{2}\right)^2 \left(\frac{1}{2}\right)^1$$

現在算出的機率為第1次、第2次為正面，第3次出現反面的機率。但剛剛提過，反覆試行很重視順經，所以若是思考會在第幾次出現正面這個部分，就會發現總共會有下列3種模式。

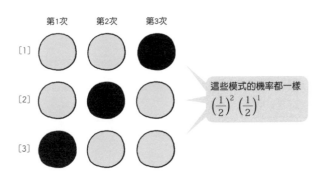

這些模式的機率都一樣
$\left(\frac{1}{2}\right)^2 \left(\frac{1}{2}\right)^1$

這種全部共有幾種就是「從3次之中，選出2次為正面的組合」的意思，所以可利用下列的公式計算。

$$_3C_2 = \frac{3 \times 2 \times 1}{2 \times 1} = 3 \, [種]$$

因此，只要讓 $\left(\frac{1}{2}\right)^2 \left(\frac{1}{2}\right)^1$ 與 $_3C_2 = 3$ 次相乘即可。所以這題的機率可透過下列的公式求出。

[解答]

出現正面的機率 × 出現反面的機率 × 事件發生的順序

$$= \left(\frac{1}{2}\right)^2 \times \left(\frac{1}{2}\right)^1 \times {}_3C_2 = \frac{3}{8}$$

出現2次　　出現1次　　在3次之中，出現
正面機率。　反面機率。　幾次正面的次數。

計算反覆試行的機率時，不能只想像一個具體的例子，必須同時思考事件的發生順序還有幾種。若將這種思考流程轉化為公式，可得到下列的結果。

【統計工具 17-3】 反復試行的機率

• 假設在1次試行之下，發生事件 A 的機率為 p。　每試行一次發生的機率。
• 重覆執行這個試行 n 次之後，事件A發生 r 次的機率為
  $$_nC_r \, p^r \, (1-p)^{n-r}$$

這個公式的意思如下。與前述的解答是一樣的公式。

發生機率　　×　　不會發生的機率　　×　　事件發生的順序
$\quad p^r \qquad \times \qquad (1-p)^{n-r} \qquad \times \qquad {}_nC_r$

事件A發生 r　　剩下的「n-r」次　　在 n 次試行
次的機率。　　　為事件A不會發　　中，事件A發
　　　　　　　　生的機率。　　　　生 r 次的組合。

隨機變數與機率分布

【1】 隨機變數

問題 18-1　　基本問題

假設擲出 1 顆骰子之後，出現的點數為 X，請計算 X 的機率分布。

每丟一次骰子，會隨機出現 1～6 的點數，所以若點數為 X，X 就會是 1 至 6 的亂數，而且每個點數出現的機率都一樣。像 X 這種會出現不同值，而且每個值都有出現機率的文字就稱為隨機變數。

雖然這次將骰子的點數設定為 X，而 X 的值介於 1 至 6 之間，每個值出現的機率也都一樣，但是，有些隨機變數的值的出現機率不一定相同，因此，隨機變數與該值出現機率的對應情況稱為機率分布。機率分布若整理成下列的表格（機率分布表）會比較容易了解。

[解答]

隨機變數	1	2	3	4	5	6
機率	$\frac{1}{6}$	$\frac{1}{6}$	$\frac{1}{6}$	$\frac{1}{6}$	$\frac{1}{6}$	$\frac{1}{6}$

「隨機變數 X 會符合這個機率分布」。

【統計工具 18-1】　隨機變數與機率分布

①可以取各種值，而且各種值都有出現機率的文字稱為隨機變數。
②隨機變數的值與出現機率的對應情況稱為機率分布。

【2】 製作機率分布表的方法

問題 18-2

假設丟出 2 顆骰子之後的點數總和為 X。

（1）請算出隨機變數 X 所有的值。

（2）請算出與 X 各值對應的機率。

（3）製作機率分布表。

（1）右表是丟出 2 顆骰子之後，所有的點數總和。接著要根據這張表格寫出 X 所有的值。

$X = 2$、3、4、5、6、7、8、9、10、11、12

	1	2	3	4	5	6
1	2	3	4	5	6	7
2	3	4	5	6	7	8
3	4	5	6	7	8	9
4	5	6	7	8	9	10
5	6	7	8	9	10	11
6	7	8	9	10	11	12

1＋4、2＋3、3＋2、4＋1

（2）接著計算與隨機變數對應的機率。從表格可以發現 $X = 5$（點數總和為 5）的情況有 4 種，而整張表格共有 36 格，所以

$$X \text{ 為 5 的機率} = \frac{4}{36} = \frac{1}{9}$$

X 其他值的機率也能以這個方法算出。

（3）製作隨機變數 X 與機率 P 的列表（機率分布表）。

X	2	3	4	5	6	7	8	9	10	11	12
P	$\frac{1}{36}$	$\frac{1}{18}$	$\frac{1}{12}$	$\frac{1}{9}$	$\frac{5}{36}$	$\frac{1}{6}$	$\frac{5}{36}$	$\frac{1}{9}$	$\frac{1}{12}$	$\frac{1}{18}$	$\frac{1}{36}$

【統計工具 18-2】 計算機率分布的步驟

【步驟 1】寫出隨機變數的值。

【步驟 2】算出與隨機變數對應的機率。

【步驟 3】製作隨機變數與機率的列表（隨機分布表）。

第 3 章 機率分布與統計推論的準備

【3】 機率分布與機率的呈現方式

問題 18-3

　　假設要從裝了 3 顆紅球與 2 顆白球的袋子同時取出 3 顆球，而且將取出的紅球顆數設定為 X。

（1） 計算 X 的所有值。

（2） 計算 X 為 1 的機率 $P(X=1)$。

（3） 製作 X 的機率分布表。

（4） 計算 X 為 2 與為 3 的機率。

　　接下來先為大家說明不斷出現的機率符號。這道問題將取出的紅球顆數設定為 X，而 $X=2$ 的機率（紅球 2 顆、白球 1 顆的機率）可寫成

$$P(X=2)$$

　　機率的英文是 Probability，所以通常會取首字作為機率的符號。此外，括號之中的是隨機變數 X 為何值的條件。

〔解答〕

（1）$X=1$、2、3

由於白球只有 2 顆，所以不可能出現 $X=0$（紅球 0 顆、白球 3 顆）的情況。

（2） $P(X=1)$ 是 $X=1$（紅球 1 顆、白球 2 顆）的機率。

　　【分母的計算】由於是從 5 顆球選出 3 顆球，所以分母的部分會是

$$_5C_3 = \frac{5 \times 4 \times 3}{3 \times 2 \times 1} = 10 \ [種]$$

　　【分子的計算】由於從 3 顆紅球選出 1 顆，從 2 顆白球選出 2 顆，所以分子的部分會是

$$_3C_1 \times {_2}C_2 = 3 \times 1 = 3 \ [種]$$

　　【計算機率】$X=1$ 的機率為 $P(X=1) = \dfrac{3}{10}$

（3） $X=2$（紅球2顆、白球1顆）的機率 $P（X=2）$ 與 $X=3$（紅球3顆、白球0顆）的機率 $P（X=3）$ 也可以利用（2）的方式算出。

$$P(X=2) = \frac{{}_3C_2 \times {}_2C_1}{10} = \frac{3 \times 2}{10} = \frac{3}{5}$$

$$P(X=3) = \frac{{}_3C_3 \times {}_2C_0}{10} = \frac{1 \times 1}{10} = \frac{1}{10}$$

可根據上述的結果製作下列的機率分布表。

X	1	2	3
P	$\frac{3}{10}$	$\frac{3}{5}$	$\frac{1}{10}$

（4） $P(2 \leqq X \leqq 3)$ 是隨機變數 X 為 $2 \leqq X \leqq 3$ 機率。由於這個機率可分成 $X=2$ 與 $X=3$ 這兩種情況思考，所以

$$P(2 \leqq X \leqq 3) = P(X=2) + P(X=3) = \frac{3}{5} + \frac{1}{10} = \frac{7}{10}$$

【統計工具 18-3】 隨機變數的值與對應的機率符號

$P(X=a)$：隨機變數 X 為 a 的機率。

$P(a \leqq X \leqq b)$：隨機變數 X 大於等於 a，小於等於 b 的機率。

順帶一提，機率分布可以整理成（3）的機率分布表，也可以畫成下列的圖表。

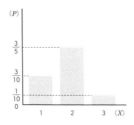

隨機變數的期望值（平均值）、變異數、標準差

【1】 隨機變數的期望值

隨機變數 X 可以是任何的值，因此這個主題要帶大家思考 X 的平均值（期望值），以及 X 的值的分布程度（變異數與標準差）。

問題 **19-1** 隨機變數 X 的期望值

假設眼前有右側這幾支「籤」，每抽一枝籤的獎金為 X。

（1）請計算 X 所有的值。

（2）製作 X 的機率分布表。

（3）計算 X 的期望值 $E[X]$。

	獎金	數量
1獎	1000	1枝
2獎	500	4枝
3獎	100	10枝
銘謝惠顧	0	25枝
合計		40枝

X 的平均值又稱為期望值，通常會寫成 $E[X]$。

[解答]

（1）由於隨機變數 X 是獎金，所以 $X = 1000$、500、100、0

（2）由於籤共有40枝，所以 X 的隨機分布表如下。

隨機變數 X	1000	500	100	0	合計
機率 P	$\dfrac{1}{40}$	$\dfrac{4}{40}$	$\dfrac{10}{40}$	$\dfrac{25}{40}$	1

（3）X 的期望值 $E[X]$ 為獎金的平均值，所以

$$獎金 X 的期望值 E[X] = \frac{獎金總和}{籤數總和}$$

$$= \frac{1000 \times 1 + 500 \times 4 + 100 \times 10 + 0 \times 25}{40} = 100 \ [元]$$

在此試著將公式整理成下列的格式。

$$E[X] = \left(1000 \times \frac{1}{40}\right) + \left(500 \times \frac{4}{40}\right) + \left(100 \times \frac{10}{40}\right) + \left(0 \times \frac{25}{40}\right)$$

從上述的算式可以發現，讓在（2）製作的機率分布表的上排值與下排值先相乘再加總，就能算出期望值。這個公式的各項也可如下解釋。

$$1000 \times \frac{1}{40} \Rightarrow （1000元）\times（中1000元的機率）$$

$$500 \times \frac{4}{40} \Rightarrow （500元）\times（中500元的機率）$$

$$100 \times \frac{10}{40} \Rightarrow （100元）\times（中100元的機率）$$

$$0 \times \frac{25}{40} \Rightarrow （0元）\times（中0元的機率）$$

因此，期待值 $E[X]$ 就是讓隨機變數 X 的所有值與對應的機率相乘再加總的結果。

【統計工具 19-1】 期望值的意義與計算方式

①隨機變數 X 的平均值稱為期望值，通常會寫成 $E[X]$。

②期望值的計算方式

【步驟1】計算隨機變數 X 的機率分布

隨機變數 X	x_1	x_2	x_3	$\cdots$	x_n	計
機率 P	p_1	p_2	p_3	$\cdots$	p_n	1

【步驟2】加總（隨機變數 X 的值）×（與該值對應的機率）。

$$E[X] = (x_1 \times p_1) + (x_2 \times p_2) + \cdots\cdots + (x_n \times p_n)$$

【2】 隨機變數的變異數與標準差

接著要思考的是隨機變數的分布程度。

問題 **19-2**　隨機變數 X 的變異數與標準差

假設眼前有右側這幾支「籤」，每抽一枝籤的獎金為 X。

（1）計算隨機變數 X 的期望值 $E[X]$。

（2）計算隨機變數 X 的變異數 $V[X]$。

（3）計算隨機變數 X 的標準差。

	銘謝惠顧	數量
1獎	1000元	1枝
2獎	500元	4枝
3獎	100元	10枝
沒中獎	0元	25本
合計		40本

隨機變數 X 可以是各種值。統計會將重點放在這些值的「分布程度」，而用來說明分布程度的數值就是變異數與標準差。在此將隨機變數 X 的變異數寫成 $V[X]$。

之前已在主題7說明資料的變異數與標準差，而隨機變數 X 的變異數與標準差也是相同的邏輯，可利用【統計工具8-1】的（2）與【統計工具8-2】的方式如下算出變異數與標準差。若問有無不同之處，那就是在計算平均值的時候，不是「以個數除以總和」，而是計算（X 的值）×（機率）的總和（也就是期望值）。

【統計工具 19-2】　計算隨機變數 X 的變異數的步驟

【步驟1】計算偏差：$X - E[X]$

【步驟2】計算偏差的平方值：$(X - E[X])^2$

【步驟3】計算變異數：$(X - E[X])^2 \times$（機率）的總和

下面為大家整理計算期望值、變異數、標準差的公式。

┌─【統計工具 19-3】 隨機變數X的期望值、變異數與標準差 ─

X的期望值 $E[X]$ ：（X的值）×（機率）的總和

X的變異數 $V[X]$ ：（X值－期望值）^{2} ×（機率）的總和

X的標準差　　　：變異數 $V[X]$ 開根號的值
└

[解答]

（1）獎金 X 的機率分布表如下。

獎金	1000	500	100	0
機率	$\dfrac{1}{40}$	$\dfrac{4}{40}$	$\dfrac{10}{40}$	$\dfrac{25}{40}$

期望值 E[X] 為（X的值）×（機率）的總和，所以讓隨機分布表上排與下排的值相乘再加總即可算出期望值。

$$E[X] = \left(1000 \times \frac{1}{40}\right) + \left(500 \times \frac{4}{40}\right) + \left(100 \times \frac{10}{40}\right) + \left(0 \times \frac{25}{40}\right)$$

$$= 100$$

由此可知，每抽一次籤可得到 100 元。

（2）變異數 $V[X]$ 為（X的值－期望值）^{2} ×（機率）的總和，所以可得到下列的結果。

$$V[X] = (1000-100)^2 \times \frac{1}{40} + (500-100)^2 \times \frac{4}{40}$$

$$+ (100-100)^2 \times \frac{10}{40} + (0-100)^2 \times \frac{25}{40}$$

$$= 42500$$

（3）標準差只需替變異數開根號即可求出，所以可得到下列的結果。

$$\sqrt{42500} = 50\sqrt{17} \text{（約206）}$$

第 3 章 機率分布與統計推論的準備

樣本調查的邏輯

【1】 全面調查與抽樣調查

> 問題 **20-1** 全面調查與抽樣調查
>
> 在下列項目中,哪些適合全面調查,哪些適合抽樣調查呢?
> (1)健康檢查 (2)進口食品檢查
> (3)電視節目的收視率 (4)人口普查

①全面調查與描述統計

健康檢查這種調查所有對象的調查方式稱為全面調查,而根據這類調查結果分析特徵或傾向的方法就稱為描述統計。

②抽樣調查與推論統計

一般來說,進口食品不可能全部都打開來檢查,否則沒辦法賣出去,所以這類情況通常會只收集部分的資料,再從這些資料推論整體的傾向或特徵。這種只檢查部分的調查方式稱為抽樣調查,從抽樣調查結果推論整體的特徵或傾向的方法稱為推論統計。

[解答]

(1)健康檢查必須調查所有人的健康狀況,所以屬於全面調查。

(2)進口食品的檢查就如同上述的說明,屬於抽樣調查。

(3)電視節目的收視率則屬於抽樣調查,因為要調查所有家庭正在收看的電視節目非常花錢,也很麻煩。

(4)人口普查需要調查所有家庭的狀況,所以是全面調查。

接著利用下面的示意圖說明全面調查與抽樣調查。

以「調查1年3班的健康狀況」為例，此時需要調查所有人的狀況，所以會進行全面調查與利用描述統計進行分析。反之，「想要調查全日本瓢蟲的體長」時，不太可能抓來全日本的瓢蟲，所以只能抓來部分的瓢蟲再調查牠們的體長，然後根據調查結果預測全日本瓢蟲的體長。這種收集部分資料的調查方法稱為抽樣調查，根據抽樣調查的結果分析資料傾向或特徵的方法稱為推論統計。

調查1年3班

調查所有人
（全面調查）

透過描述統計了解1年3班
的狀況。

調查全日本的瓢蟲

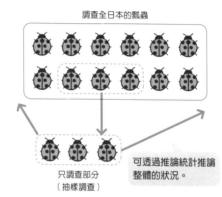

只調查部分
（抽樣調查）

可透過推論統計推論
整體的狀況。

話說回來，有些人或許會覺得：「就算在學校後山抓到的30隻瓢蟲，也不能就此斷定全日本的瓢蟲都一樣。」關於這部分，有一個非常有名的故事。

只要充分攪拌鍋裡的味噌湯再嘗一口，就能知道味噌湯的味道，這也意味著，只要能毫不偏頗地收集資料，就能從部分的資料窺見資料的全貌。

【統計工具 20-1】 全面調查與抽樣調查

① 統計調查分成調查所有樣本的「全面調查」與調查部分樣本的「抽樣調查」。

② 分析全面調查的資料稱為描述統計。

③ 分析抽樣調查的資料稱為推論統計。

【2】 推論統計的基本用語

在此要利用下面的示意圖說明推論統計的基本用語。

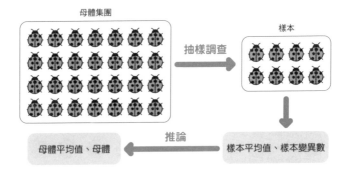

假設要調查的是全日本瓢蟲的體長。此時全日本的瓢蟲就是母體集團,這母體集團之中的每隻瓢蟲都稱為個體,個體的總數就是全日本的瓢蟲的總數,也就是母體集團的規模。

由於不太可能抓到全日本的瓢蟲,所以只能先在學校校舍之內抓10隻瓢蟲。這10隻瓢蟲是母體集團的部分,也稱為樣本。這種選出10隻瓢蟲的過程又稱為抽樣,樣本個數的數量也就是10隻,也稱為樣本的規模。

話說回來,我們想知道的是全日本瓢蟲的體長,但是每隻瓢蟲的體長都不一樣,所以這種會不斷變動的值又稱為變量。

假設全日本的瓢蟲體長資料為母體集團,那麼這個集團的平均值就稱為母體平均值,變異數稱為母體變異數,標準差稱為母體標準差。與母體集團對應的機率分布稱為母體機率分布。反之,部分的資料稱為樣本,而樣本的平均值稱為樣本平均值,標準差稱為樣本標準差,變異數稱為樣本變異數。

在母體機率分布已知的情況下,問題就是計算母體平均值與母體標準差。嚴格來說,要先透過統計學推論(估計)母體的輪廓,但通常會假設母體集團的機率分布已知。

問題 20-2

假設數字 1 的卡片有 30 張、數字 2 的卡片有 20 張，數字 3 的卡片有 10 張，這 60 張卡片為母體集團。當卡片上的數字為變量 X 時，母體集團的機率分布就會是下列的結果。

X值	1	2	3	合計
機率	$\frac{1}{2}$	$\frac{1}{3}$	$\frac{1}{6}$	1

（1） 計算母體平均值。　　（2） 計算母體變異數。

【統計工具 20-2】 已知母體集團機率分布時的母體平均值與母體變異數

① 母體平均值的計算方法
加總所有情況下的（隨機變數 X 的值）×（機率）。

② 母體變異數的計算方法
加總所有情況下的（隨機變數的值－平均值）^{2} ×（機率）。

[解答]

（1） 由於母體平均值就是隨機變數 X 的期望值，所以只需要加總所有情況下的（隨機變數 X 的值）×（機率）。因此母體平均值為

$$\left(1 \times \frac{1}{2}\right) + \left(2 \times \frac{1}{3}\right) + \left(3 \times \frac{1}{6}\right) = \frac{5}{3}$$

（2） 由於母體變異數是所有情況下的（隨機變數 X 的值－平均值）^{2} ×（機率）。因此母體變異數為

$$\left(1 - \frac{5}{3}\right)^2 \times \frac{1}{2} + \left(2 - \frac{5}{3}\right)^2 \times \frac{1}{3} + \left(3 - \frac{5}{3}\right)^2 \times \frac{1}{6} = \frac{5}{9}$$

第 **4** 章

機率分布

「由於無法知道全日本瓢蟲的平均體長，所以計算了 100 隻瓢蟲的平均體長。這個值是否接近全日本瓢蟲的平均體長呢？」讓我們試著學習解決這類問題的方法。

【1】 二項式分布

這次的主題要帶大家一起思考「丟硬幣400次，平均會出現幾次正面」這種重覆進行某件事，會得到什麼結果的問題。

問題 21-1

假設丟硬幣4次之後，出現正面的次數為X。

（1）請算出X所有可能出現的值。

（2）請製作X的機率分布表。

[解答]

（1） 由於X為丟硬幣4次之後出現正面的次數，所以可能得到的值如下。

0、1、2、3、4

（2） X為1的機率寫成$P(X=1)$，代表的是丟4次硬幣之後，正面出現1次，背面出現3次的機率，所以可根據反覆試行的機率公式計算

$$P(X=1) = {}_4C_1 \left(\frac{1}{2}\right)^1 \left(\frac{1}{2}\right)^3 = \frac{1}{4}$$

由於X為其他值的機率可利用相同的方式計算，所以X的機率分布表如下。

X	0	1	2	3	4
p	$\dfrac{1}{16}$	$\dfrac{1}{4}$	$\dfrac{3}{8}$	$\dfrac{1}{4}$	$\dfrac{1}{16}$

所有的機率都可利用反覆試行的機率公式計算。

像這種利用反覆試行的機率公式求出的機率分布稱為二項式分布。二項式分布的重點在於掌握下面兩個值。

　　·重覆幾次（n次）

　　·每次的平均機率（p）

┌【統計工具21-1】 二項式分布 ─────────────────

- 利用反覆試行的機率公式求出隨機變數X的各種值之後，這些值的機率分布稱為二項式分布，也通常會以下列的方式說明。

　　　　隨機變數X符合二項式分布B（n,p）

　　其中的n為試行次數，p為每次發生的平均機率。

└──────────────────────────────────

┌────────────────────────────────┐
│　　　　隨機變數X符合二項式分布B（n,p）　　　　│
└────────────────────────────────┘

【2】 二項式分布的期望值、變異數與標準差

　　在進行某項試行n次之後，事件A平均發生幾次？（期望值），重覆「試行n次」之後，事件A發生的次數x會如何分布？（變異數與標準差）上述的問題可利用下列的方式求出。

┌【統計工具21-2】 二項式分布的期望值、變異數與標準差 ──

- 假設重覆次數為n，平均每次發生的機率為p，二項式分布的期望值、變異數與標準差可透過下列的公式求出。

　　　①期望值：$n \times p$

　　　②變異數：$n \times p \times (1-p)$

　　　③標準差：$\sqrt{n \times p \times (1-p)}$

└──────────────────────────────────

　　假設丟硬幣 400 次，出現正面的次數為 X。

（1）算出丟 1 次硬幣出現正面的機率 p。

（2）算出 X 的期望值（平均值）。

（3）算出 X 的變異數。

（4）算出 X 的標準差。

［解答］

（1）　p 為單次出現正面的機率，所以 $p = 0.5$

（2）　期望值等於 $n \times p$，所以等於 $400 \times 0.5 = 200$

> 意思是，丟硬幣 400 次之後，平均會出現 200 次正面。

（3）變異數為 $n \times p \times (1 - p) = 400 \times 0.5 \times (1 - 0.5) = 100$

（4）標準差為 $\sqrt{n \times p \times (1 - p)}$，所以等於 $\sqrt{100} = 10$

丟硬幣 400 次的話，以平均值來看，出現正面的次數為 200 次。若是不斷重覆「丟 400 次硬幣」這個試行，出現正面的次數會有很多種結果，有可能第一次「丟 400 次硬幣」的結果是正面出現 231 次，第二次是 175 次，而這些值的分布程度就是（3）與（4）的變異數與標準差。

【3】　二項式分布與常態分布的關係

　　這次要在丟硬幣的次數為 2 次、3 次、4 次，出現正面的次數為 X 的情況下，試著繪製 X 的二項式分布表以及圖表。請大家將注意力放在圖表的變化。

[1] 丟2次硬幣的情況

X的機率分布如下。

X	0	1	2
p	$\dfrac{1}{4}$	$\dfrac{1}{2}$	$\dfrac{1}{4}$

圖表 ⇒

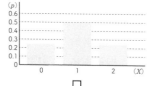

[2] 丟3次硬幣的情況

X的機率分布如下。

X	0	1	2	3
p	$\dfrac{1}{8}$	$\dfrac{3}{8}$	$\dfrac{3}{8}$	$\dfrac{1}{8}$

圖表 ⇒

[3] 丟4次硬幣的情況

X的機率分布如下。

X	0	1	2	3	4
p	$\dfrac{1}{16}$	$\dfrac{1}{4}$	$\dfrac{3}{8}$	$\dfrac{1}{4}$	$\dfrac{1}{16}$

圖表 ⇒

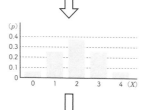

丟硬幣的次數越多，就會越接近右圖粗線的

左右對稱的鐘型圖表

這種像是一座山的曲線稱為常態分布，也是最重要的統計圖表之一。

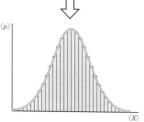

【統計工具 21-3】　二項式分布與常態分布的關係

• 當二項式分布的試行次數變多，分布的情況就會越接近常態分布。

主題

22 機率密度函數與常態分布

【1】 機率密度函數

[1] 根據離散型隨機變數X的機率分布繪製直方圖

假設丟1枚硬幣4次，出現正面的次數為 X 的話，X 就是會隨機變化的隨機變數。此外，由於次數是分散的值，所以這種隨機變數又稱為離散型隨機變數。

離散型隨機變數 X（丟1枚硬幣4次，出現正面的次數）會是0～4的值，而這些值的出現機率也可整理成右側的表格（隨機分布表），這部分已在主題21說明過。接著讓我們將機率轉換成高度，繪製下列的直方圖。

X	0	1	2	3	4
p	$\dfrac{1}{16}$	$\dfrac{1}{4}$	$\dfrac{3}{8}$	$\dfrac{1}{4}$	$\dfrac{1}{16}$

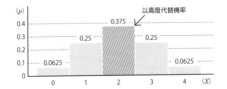

從這張圖可以發現，若每條直方的底邊長為1，$X=2$ 的機率（丟4次硬幣，出現2次正面的機率）0.375為斜線部分的面積。若以公式說明，可得到下列的結果。

（$X=2$ 的機率）$= 1 \times 0.375 = $ 矩形（圖中斜線部分）的面積

若依照這個方法替離散型隨機變數 X 繪製直方圖，就能以「機率為長方形面積」這種全新的角度解釋機率。

機率 = 面積

［2］ 根據連續型隨機變數X繪製直方圖

假設這次從高中一年級男學生隨機挑出1人，並將該位學生的身高設定為 X 公分。此時 X 的值將是沒有任何中斷的連續值，所以這個 X 稱為連續型隨機變數。

嚴格來說，連續型隨機變數 X（高中一年級男學生的身高）會是167.24…公分這種非離散的值，所以沒辦法利用前一頁的方法繪製機率分布表。不過，還是可以如下圖般，繪製與直方圖類似的圖表（不是長方形，而抓曲線）。其實這部分與前一頁一樣，可以得到相同的結論。

機率 = 面積

雖然這條曲線不是很容易說明，但現在知道有這條曲線就夠了。

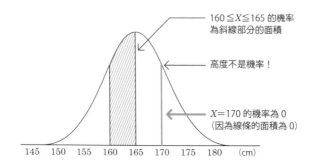

160 ≤ X ≤ 165 的機率
為斜線部分的面積

高度不是機率！

X = 170 的機率為 0
（因為線條的面積為 0）

145   150   155   160   165   170   175   180   (cm)

由此可知，隨機挑選一位高中一年級男學生之後，身高（X）為170公分的機率為0，因為就算在 $X=170$ 的部分畫一條線，這條線的面積也是0。反之，隨機挑選一位高中一年級男學生之後，身高（X）為 $160 \leq X \leq 165$ 的機率就是圖中斜線部分的面積，而且會是正數。這意味我們在思考連續型隨機變數的時候，就是在思考隨機變數的值落在某個範圍的機率。

[3] 圖表的高度有何意義？

在第100頁的直方圖之中，長條的高度就是機率，但在第101頁的圖表之中，圖表的高度不代表機率。雖然在圖表之中，$X=170$的線條高度不為0，但是機率卻是0。

那麼，圖表之中的高度代表什麼意思呢？在下方的圖表之中，由曲線與橫軸圍住的部分的面積為機率的值。這條曲線稱為**分布曲線**，大家可以把這條分布曲線想像成塞滿甜饅頭的盒子，只是曲線這個盒子裡面裝的是機率。此外，這條曲線也是有「公式」的，一如直線的公式是$y=2x$，這條分布曲線的公式稱為**隨機密度函數**，有「曲線之內塞滿了機率」的意

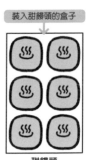

裝入甜饅頭的盒子

甜饅頭

思，而曲線的高度則可稱為**機率密度**。由於分布曲線是條封閉曲線，曲線之內塞滿了機率，所以曲線的高度就等於機率密度。之所以會出現「密度」這個字眼，就是源自「塞滿了機率」這個想像。這個字眼雖然重要，但大家現在只需要知道有這個字眼就夠了。

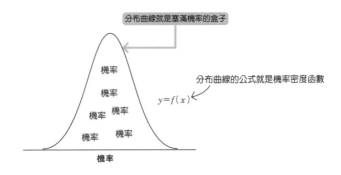

分布曲線就是塞滿機率的盒子

機率
機率
機率　機率
機率　　機率

機率

分布曲線的公式就是機率密度函數

$y=f(x)$

問題 22-1

假設隨機變數 x 的隨率密度函數 $f(x)$ 為 $f(x) = 2x$（但是 $0 \leq x \leq 1$）。請計算 x 落在 $0 \leq x \leq 0.4$ 之間的機率。

[解答]

在計算面積與機率的時候，題目告訴我們機率就是機率密度函數與隨機變數的範圍。根據機率密度函數繪製分布曲線之後，題目指定的部分的面積就是我們要計算的機率。整理上述條件之後可以發現：

機率密度函數 ：$y = 2x$
隨機變數的範圍：$0 \leq x \leq 0.4$

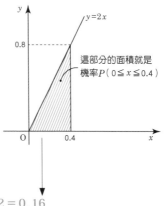

接著根據上述的兩個公式繪製右側的圖表。如此一來就會發現，機率就是直線與 x 軸，也就是與 $0 \leq x \leq 0.4$ 圍成的面積，也就是圖中的三角形斜線部分，所以可利用下列的公式算出。

$$P(0 \leq x \leq 0.4) = 0.4 \times 0.8 \div 2 = 0.16$$

x 會落在 $0 \leq x \leq 0.4$ 範圍內的機率

【統計工具 22-1】 機率密度函數與機率

假設 $f(x)$ 為機率密度函數，則

$$P(a \leq x \leq b) = 斜線部分的面積$$

的公式會成立。

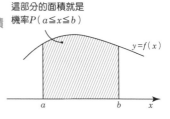

【2】 常態分布

　主題21曾提過，當二項式分布的次數增加，就會慢慢趨近常態分布，而為了根據面積算出機率，讓我們思考這條像是一座山的曲線的公式（常態分布的機率密度函數）。若如下圖畫出一條像一座山的平滑曲線，再製作這個曲線的公式，就能得到右下角的公式。

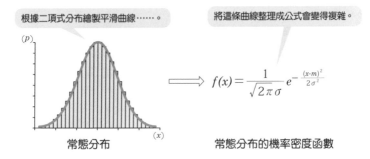

根據二項式分布繪製平滑曲線⋯⋯。

將這條曲線整理成公式會變得複雜。

$$f(x) = \frac{1}{\sqrt{2\pi}\,\sigma}\,e^{-\frac{(x-m)^2}{2\sigma^2}}$$

常態分布

常態分布的機率密度函數

　這個公式的確很複雜，但我們也不會使用這個公式計算，因為我們已經有計算機率（＝面積）的表格（常態分布表），所以就不需要用這麼複雜的公式計算。常態分布的重點在於圖表的位置與形狀。圖表最高的位置就是平均值，而圖表沿著水平方向延展的幅度，等於平均值到拐點的長度（這段長度為標準差）。

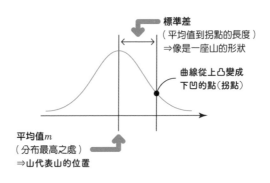

標準差
（平均值到拐點的長度）
⇒像是一座山的形狀

曲線從上凸變成
下凹的點（拐點）

平均值 m
（分布最高之處）
⇒山代表山的位置

由此可知，常態分布的重點在於平均值（位置）與標準差（形狀）。因此平均值為 m 以及標準差為 σ（sigma）的常態分布就會寫成 $N(\text{m}, \sigma^2)$（σ^2 為變異數）。下方左圖為 $N(2.5, 1.3^2)$ 的常態分布，右圖為 $N(11.3, 2.4^2)$ 的常態分布。由於 $N(11.3, 2.4^2)$ 的平均值與標準差都比較大，所以圖表的位置會偏右，而且形狀相對攤平。

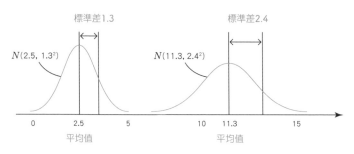

【統計工具 22-2】 觀察常態分布的角度

①常態分布可透過平均值 m（位置）與標準差 σ（形狀）這兩個值觀察。
②平均值為 m，標準差為 σ 的常態分布寫成 $N(m, \sigma^2)$。

補足 可根據位置與形狀繪製圖表

	位　置	形狀	公式
直線	通過點 (p, q)	斜率 m	$y = m(x-p) + q$
拋物線	頂點 (p, q)	x^2 的係數 a	$y = a(x - p)^2 + q$
常態分布曲線	平均值 m	標準差 σ（變異數 σ^2）	$y = \dfrac{1}{\sqrt{2\pi}\,\sigma} e^{-\frac{(x-m)^2}{2\sigma^2}}$

• 一如直線可根據「通過點（位置）」與「斜率（形狀）」繪製（公式是固定的），拋物線也可透過「頂點（位置）」與「x^2 的係數（形狀）」（公式是固定的），因此常態分布也可透過「平均值（位置）」與「標準差（形狀）」繪製。

常態分布與標準常態分布

【1】 標準差在常態分布的意義

　　如果是有識別度的測驗，那麼根據分數與人數繪製直方圖，應該可以得到左下角這種分布均勻的直方圖。雖然還是有點鋸齒狀，但將這張圖表轉換成平滑曲線之後，就能得到常態分布。

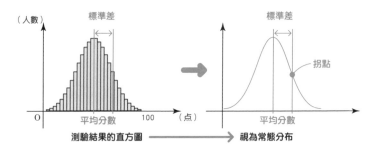

測驗結果的直方圖 ⟶ 視為常態分布

　　此時可透過標準差了解自己的分數落在整體的哪個範圍。下圖之中的平均分數為偏差值 50（ss 50），平均分數加一個標準差 σ 的分數是偏差值 60（ss 60）。

利用平均值 & 標準差掌握自己的分數落點

平均点 m，標準偏差 σ，偏差值 ss

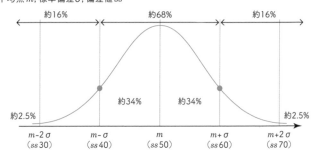

可根據這張圖表製作下面的表格。

分數	偏差值	落在整體的位置	在100人之中…
平均分數＋標準差×2	70	約在前2.5%	前2～3名左右
平均分數＋標準差×1	60	約在前16%	前16～17名左右
平均分數	50	中央附近	前50名左右
平均分數－標準差×1	40	約在後16%	後16～17名左右
平均分數－標準差×2	30	約在後2.5%	後2～3名左右

問題 **23-1**

　　假設全國學力測驗的數學平均分數為60分，標準差為10分，人數的分布符合常態分布的話，請問答下列的問題。
（1）計算偏差值60的分數。　　（2）計算偏差值30的分數。

〔解答〕

（1）偏差值60的分數只需要在平均分數加1次標準差，所以答案是
　　　60分＋10分＝70「分」

（2）偏差值30的分數只需要在平均分數減2次標準差，所以答案是
　　　60分－10分×2＝40「分」

【2】 利用標準差思考常態分布的「擴散程度」

問題 **23-2**

某次全國學力測驗的結果如下。

　　數學：平均分數 60 分，標準差 10 分

　　英語：平均分數 70 分，標準差 5 分

　　國語：平均分數 65 分，標準差 20 分

　　這三科的人數分布都符合常態分布。假設下列的 A〜C 為這三科的圖表，請試著從中選出與這三科對應的圖表。

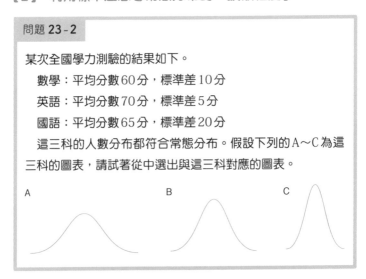

標準差值大，圖表應該越往左右攤平，高度也會下降。

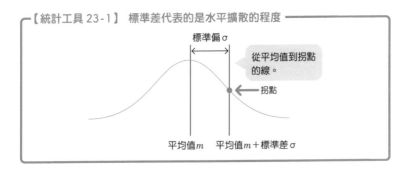

【統計工具 23-1】 標準差代表的是水平擴散的程度

［解答］

　　依標準差由大至小的順序排列這三科後，可得到國語＞數學＞英語

　　若依照圖表的擴散程度排列，可得到 A ＞ B ＞ C

　　所以數學的圖表為 B，英語的圖表為 C，國語的圖表為 A

【3】 標準常態分布

常很分布的圖表是呈左右對稱的鐘形，但位置與擴散程度（形狀）則有很多種，所以要算出各種分布情況的機率（＝面積）也很困難，所以讓我們試著使用記載了計算結果的表格。不過，要利用不同的表格計算不同的分布形狀的機率太麻煩，所以才會出現所謂的**標準常態分布**。所謂的標準常態分布就是

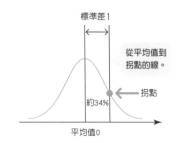

　　平均值0

　　標準差1

這種常態分布。

標準常態分布已經有記載相關機率（＝面積）的表格（常態分布表）。常態分布表會在下個主題說明。若問該怎麼計算其他種類的常態分布的機率，只需要進行調整位置與形狀的計算，讓位置與形狀符合標準常態分布，就能套用機率一覽表（常態分布表）得到答案。

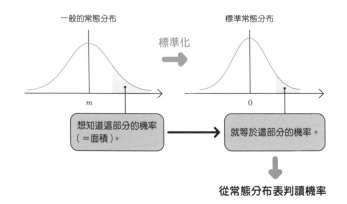

將一般的常態分布轉換成標準常態分布的計算稱為**標準化**。

利用常態分布表判讀機率

【1】 閱讀常態分布表的方法

　　這個主題要帶著大家利用常態分布表判讀機率。可利用常態分布表判讀的機率（＝面積）為圖中套用網底的部分，也就是 $0 \leq x \leq a$ 的部分。或許會有人想：「那 $a \leq x \leq b$ 或 $x \geq a$ 的機率該怎麼判讀？」方法會在【2】的部分說明。

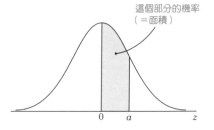

這個部分的機率（＝面積）

問題 **24-1**

　　假設隨機變數 z 符合標準常態分布 $N(0, 1^2)$。請利用常態分布表算出 z 落在 $0 \leq z \leq 1.23$ 的機率 $P(0 \leq z \leq 1.23)$。

　　這次要計算的機率為右圖的斜線部分。以上述的問題來看，要先注意上圖的「a」相當於哪個數字。

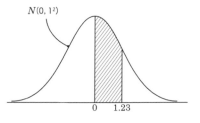

$N(0, 1^2)$

　　在上述的問題之中，「a」就是 1.23 沒錯吧，而 $1.23 = 1.2 + 0.03$，將這個數字拆成「小數點第 1 位」與「小數點第 2 位」之後，就能透過常態分布表判讀機率。順帶一提，要利用常態分布表判讀機率的時候，上圖的 a 值必須具有小數點第 2 位的數值。

$$1.23 = 1.2 + 0.03$$

小數點第1位　　小數點第2位

直軸的落點為「1.2」。　　橫軸的落點為「.03」。

這兩個落點的交叉位置就是我們需要的機率。

A	.00	.01	.02	.03	.04	.05
0.0	0.0000	0.0040	0.0080	0.0120	0.0160	0.0199
0.1	0.0398	0.0438	0.0478	0.0517	0.0557	0.0596
0.2	0.0793	0.0832	0.0871	0.0910	0.0948	0.0987
0.3	0.1179	0.1217	0.1255	0.1293	0.1331	0.1368
0.4	0.1554	0.1591	0.1628	0.1664	0.1700	0.1736
0.5	0.1915	0.1950	0.1985	0.2019	0.2054	0.2088
0.6	0.2257	0.2291	0.2324	0.2357	0.2389	0.2422
0.7	0.2580	0.2611	0.2642	0.2673	0.2704	0.2734
0.8	0.2881	0.2910	0.2939	0.2967	0.2995	0.3023
0.9	0.3159	0.3186	0.3212	0.3238	0.3264	0.3289
1.0	0.3413	0.3438	0.3461	0.3485	0.3508	0.3531
1.1	0.3643	0.3665	0.3686	0.3708	0.3729	0.3749
1.2	0.3849	0.3869	0.3888	0.3907	0.3925	0.3944

〔解答〕

常態分布表指出，隨機變數 z 落在 $0 \leqq z \leqq 1.23$ 的機率為

$P(0 \leqq z \leqq 1.23) = 0.3907$

這麼一來，的確利用了常態分布表判讀了機率，但還有一些部分需要調整。至於哪些部分需要調整？就讓我們透過後續的兩道題目說明吧。

【2】 利用常態分布表計算機率的兩種技巧

[1] 挖除

【統計工具 24-1】 技巧1「挖除」所需的知識

- 請透過下列的①與②以及使用挖除的技巧判讀機率
  ①常態分布的整個面積（＝全機率）為1
  ②y軸右側的面積（＝機率）為全部面積的一半，所以為0.5

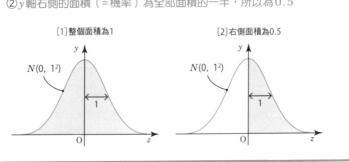

[1]整個面積為1　　　　　　[2]右側面積為0.5

問題 **24-2**

假設隨機變數z符合標準常態分布$N(0,1)$。請算出z落在$0.86 \leq z$這個範圍的機率$P(0.86 \leq z)$。必要時，可使用$P(0 \leq z \leq 0.86)=0.3051$這個數值。

[解答]

這次要計算的機率為圖中深色網底的面積，所以要從右半邊面積0.5挖出淺色網底的部分。

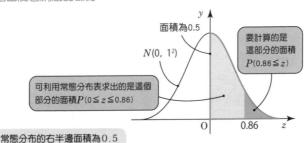

面積為0.5

要計算的是這部分的面積$P(0.86 \leq z)$

可利用常態分布表求出的是這個部分的面積$P(0 \leq z \leq 0.86)$

常態分布的右半邊面積為0.5

$$P(0.86 \leq z) = 0.5 - P(0 \leq z \leq 0.86) = 0.5 - 0.3051 = 0.1949$$

[2] 折返

【統計工具 24-2】 技巧 2「折返」所需的知識

• 利用「折返」技巧判讀機率

即使沿著 y 軸往另一邊折返，面積（＝機率）也是相同的

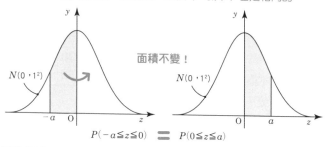

面積不變！

$$P(-a \leq z \leq 0) = P(0 \leq z \leq a)$$

問題 24-3

假設隨機變數 z 符合標準常態分布 $N(0,1)$，計算 z 落在 $-0.20 \leq z \leq 1.23$ 這個範圍內的機率 $P(-0.20 \leq z \leq 1.23)$。有必要的話，可使用 $P(0 \leq z \leq 0.20) = 0.0793$ 與 $P(0 \leq z \leq 1.23) = 0.3907$ 這兩個數值。

[解答]

一開始先分成可以直接使用常態分布表計算的機率 $P(0 \leq z \leq 1.23)$ 與無法直接使用常態分布表計算的機率 $P(-0.20 \leq z \leq 0)$。

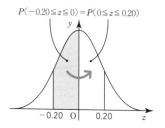

$P(-0.20 \leq z \leq 0) = P(0 \leq z \leq 0.20)$

$P(-0.20 \leq z \leq 1.23)$

$\quad = \underline{P(-0.20 \leq z \leq 0)}$

$\qquad + P(0 \leq z \leq 1.23)$

$\quad = \underline{P(0 \leq z \leq 0.20)} + P(0 \leq z \leq 1.23)$

$\quad = 0.0793 + 0.3907$

$\quad = 0.47$

$P(-0.20 \leq z \leq 0)$
$= P(0 \leq z \leq 0.20)$

標準化的邏輯

【1】 常態分布的標準化基礎

這個主題將說明標準化的邏輯。
為了方便大家了解，讓我們先以長
條圖說明。

10	40	30	40
50	60	50	60
30	20	70	20
40	50	30	40

右表是16位高中生的考試成績，
平均值為40分，標準差為16分。此
外，這些資料也畫
成右側的長條圖。
由於這個長條圖呈
左右對稱的鐘形，
所以看起來很像是
常態分布對吧。

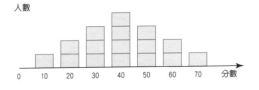

讓我們試著將這個圖表整理成平均值0、標準差1的圖表。整理
的步驟分成兩個。

【步驟1】讓所有人的分數分別扣除平均分數

讓所有人的分數分別扣除平均分數
40之後，可以得到右表。

這個考試結果為平均分數0分，標準
差一樣是約16分。由於標準差代表

-30	0	-10	0
10	20	10	20
-10	-20	30	-20
0	10	-10	0

的是資料的分散程
度，所以就算讓所
有人的分數扣掉40
分，資料的分散程
度還是不會有什麼
改變。圖表的最高處為0分（平均分數）。

【步驟2】以標準差除以所有人的分數

接著以標準差16分個別除
以所有人的分數,即可得
到右側的表格。雖然包含
小數點的分數,很難讓人
看懂,但此時的平均值為

-1.875	0	-0.625	0
0.625	1.25	0.625	1.25
-0.625	-1.25	1.875	-1.25
0	0.625	-0.625	0

0分,標準差為1分,所以圖表的
位置與形狀相對好懂得多。前面的
長條圖屬於攤平的形狀,但右側的
長條圖卻比較集中,看起來也高一
點。簡單來說,攤平的程度不同,
高度也會跟著改變。

下圖是圖表在經過上述的步驟改造
之際的過程(為了方便理解,稍微
調整了實際的變化過程)。

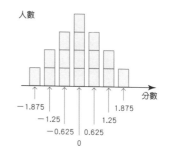

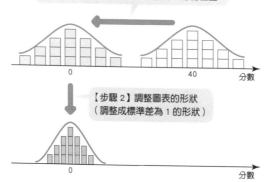

【2】 標準得分～比較分布情況不同的分數～

問題 25-1

小明的段考分數如下。

數學　60分（全班平均分數50分、標準差5分）

英語　80分（全班平均分數60分、標準差20分）

由於小明的數學分數比平均分數高10分，英語分數比平均分數高20分，所以覺得自己的英語在班上算是前段班。這個結論是正確的嗎？讓我們計算標準得分，驗證這個結論。

標準化到底有什麼好處呢？其實標準化的好處在於很適合用來比較「平均分數50分，得分60分與平均分數60分，得分80分」這類不同的資料（以這次的例子來說，就是數學的分數與英語的分數）。

由於數學分數與英語分數的分布情況不同（也就是圖表的形狀不同），所以可先轉換成相同形狀的分布情況再進行比較。標準化共有兩個計算步驟。步驟1是從測驗分數扣除平均分數，步驟2是以標準差除以步驟1的結果。這一連串的計算過程可整理成下列的公式。

$$標準化：\frac{資料的數值－平均值}{標準差}$$

利用這個公式重新計算資料之後，就能讓原本分布情況不同的兩種資料如下頁的圖表一般，轉換成相同的形狀，也就比較容易進行比較。

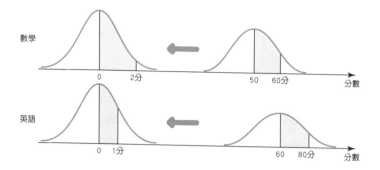

[解答]

　　數學的標準得分 =（60-50）÷5 = 2「分」

　　英語的標準得分 =（80-60）÷20 = 1「分」

　數學在原始分布情況之下為60分，但在經過標準化之後，變成只有2分。英語在原始分布情況之下為80分，但在經過標準化之後，變成只有1分。

　將分布情況放在一起比較之後，會發現數學的標準得分較高，所以小明的結論是錯誤的。

　由此可知，不需要為了自己的分數比平均分數高出幾分而開心，因為就算分數比平均分數高出許多，只要全班的分數很分散，就代表還有其他人的分數比平均分數高出許多。

┌─【統計工具 25-1】　標準化 ──────────

①比較平均值與標準差都不同的兩種資料時

$$標準化：\frac{資料的數值－平均值}{標準差}$$

先標準化再進行比較比較好。

②設資料為 x，平均 值為 m，標準差為 σ 的話，標準化之後的值 z 可利用下列的公式計算。

$$z = \frac{資料的數值－平均值}{標準差} = \frac{x-m}{\sigma}$$

常態分布的標準化

【1】 將常態分布轉換成標準常態分布

　　一如主題25所述，在比較分布情況不同的資料時，先讓分布的
形狀一致會比較容易比較。這個主題要說明比較不同的常態分布
時，將分布的形狀轉換成標準常態分布的計算過程（標準化）。話
說回來，其實這部分的計算已在主題25說明。若是將主題25介紹
的標準化套用在常態分布，可以得到下列的過程。

【統計工具 26-1】 常態分布的標準化

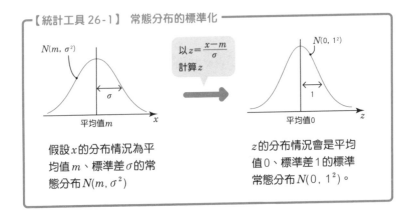

以 $z = \dfrac{x-m}{\sigma}$ 計算 z

假設 x 的分布情況為平均值 m、標準差 σ 的常態分布 $N(m, \sigma^2)$

z 的分布情況會是平均值0、標準差1的標準常態分布 $N(0, 1^2)$。

　　將常態分布調整為標準常態分布之後，就能利用常態分布表求出
機率。

假設隨機變數 x 符合常態分布 $N(5,2^2)$，請算出機率 $P(5 \leq x \leq 6)$。有必要的話，可使用從常態分布表找到的 $P(0 \leq z \leq 0.5)=0.1915$ 這個機率。

這次要計算的機率為圖1的斜線面積。由於 x 的分布情況為平均值5、標準差2的常態分布，所以可利用下面的公式算出 z 值。

$$z = \frac{x-m}{\sigma} = \frac{x-5}{2}$$

此時 z 的分布情況將會是標準常態分布 $N(0,1^2)$。

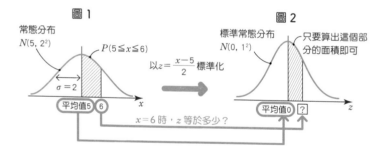

雖然要計算的機率為圖2的斜線面積，但圖表已經變形，所以必須計算圖1的 $5 \leq x \leq 6$ 的部分位於圖2的哪個範圍。假設利用下列的公式計算

$x=5$ 的時候，$z = \frac{5-5}{2} = 0$，$x=6$ 的時候，$z = \frac{6-5}{2} = 0.5$

就可以知道圖1的 $5 \leq x \leq 6$ 是圖2的 $0 \leq z \leq 0.5$。
換言之，$P(5 \leq x \leq 6) = P(0 \leq z \leq 0.5)$。

[解答]

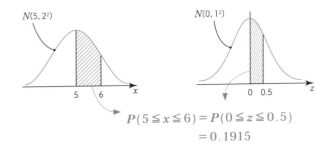

$$P(5 \leqq x \leqq 6) = P(0 \leqq z \leqq 0.5)$$
$$= 0.1915$$

接著為大家整理上述的內容。

【統計工具 26-2】 常態分布的標準化與機率

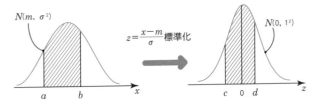

當分布情況為 $N(m, \sigma^2)$，x 落在 $a \leqq x \leqq b$ 這個範圍的機率（面積）以下列的公式計算，

$$c = \frac{a-m}{\sigma} \ , \ d = \frac{b-m}{\sigma}$$

就等於標準常態分布 $N(0, 1^2)$ 的 z 落在 $c \leqq z \leqq d$ 這個範圍的機率（面積）。結論就是：

$$P(a \leqq x \leqq b) = P(c \leqq z \leqq d)$$

【2】 常態分布的應用

問題 26-2

假設某個國家的高中一年級女學生的身高為 x，平均身高為 156公分，標準差為4.8公分，而且身高的分布情況符合常態分布，請問身高大於等於160公分的該國高中一年級女學生有多少百分比？有必要的話，可使用常態分布表的 P $(0 \leqq z \leqq 0.83) = 0.2967$。

這次要計算的是在高中一年級女學生之中，身高大於等於160公分的學生的比例，所以就是要計算圖1（平均156、標準差4.8的常態分布）的斜線面積（機率）。

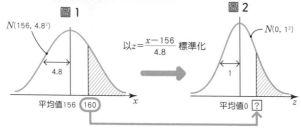

這部分的機率就是大於等於160公分的部分占整體資料的比例

圖 1

$N(156, 4.8^2)$

4.8

平均值156 160

以 $z = \dfrac{x-156}{4.8}$ 標準化

圖 2

$N(0, 1^2)$

1

平均值0 ?

[解答]

高中一年級女學生的身高 x 符合平均值156公分、標準差4.8的常態分布，所以計算與 $x=160$ 對應的 z 之後，可以得到

$$x=160時，z = \frac{x-m}{\sigma} = \frac{160-156}{4.8} = 0.833\cdots \fallingdotseq 0.83$$

因此，

$$P(160 \leqq x) = P(0.83 \leqq z) \quad \text{圖2的? 為0.83}$$

$$= 0.5 - P(0 \leqq z \leqq 0.83)$$

$$= 0.5 - 0.2967 = 0.2033 \quad (20.33\%)$$

結論是，身高大於等於160公分的學生約有20.33%

【1】 母體平均值與樣本平均值、母體變異數與樣本變異數

這個主題要介紹的是，想透過統計調查資料的特徵，卻無法收集到所有資料的情況。比方說，想要調查全日本女高中生的身高，但不太可能收集日本所有女高中生的資料，因為這樣實在太費時費力，成本也太高。此時可毫無偏頗地篩出部分女高中生的資料，計算這筆資料的平均身高與變異數，再根據計算結果推論全日本女高中生的平均身高與變異數。

母體集團（全日本的女高中生） | **樣本**（部分的女高中生）

隨機篩選

平均值（**母體平均值**）
變異數（**母體變異數**）

想推論這個部分！

平均值（**標本平均值**）
變異數（**樣本變異數**）

首先讓我們整理一下用語。在這個例子之中，全日本女高中生稱為母體集團，母體集團的變量 x（也就是身高）的平均值稱為母體平均值，變異數稱為母體變異數。

接著從母體集團選出部分的學生。此時若只挑選排球社團的學生，平均身高有可能會與母體集團的平均身高相去甚遠，所以得毫無偏頗地選出學生。這個篩選過程稱為隨機篩選，被選出的學生稱為樣本。由於樣本的資料量少於母體集團的資料量，所以比較容易算出平均值與變異數。此時樣本的變量，也就是平均值與變異數分別稱為樣本平均值與樣本變異數。

【2】 樣本平均值的期望值與變異數

　　假設全日本的女高中生為母體集團，要想算出平均身高（母體平均值），恐怕整個調查會曠日費時，所以先算出3人的資料（雖然這資料量太少），再計算平均身高（樣本平均值），結果算出153.3公分。此時可推論日本女高中生的平均身高為153.3公分（這種推論方式稱為點估計）。可惜的是，再隨機選出3人，與計算平均身高（第2次的樣本平均值）之後，得到155.0公分。此時到底該以第一個153.3公分，還是第二個155.0公分做為母體平均值的估計值呢？

　　如果是生性謹慎的人，有可能會再隨機選出3人，再計算一次平均身高（第3次的樣本平均值）。假設算出的結果為151.7公分，此時153.3公分、155.0公分、151.7公分都有可能做為母體平均值的估計值，而且這類值要有多少個，就有多少個，而且每次都有可能不一樣。

　　我們想要的是根據3個人的身高資料算出全日本女高中生的平均身高落在哪個範圍，而且在計算樣本平均值的時候發現，每次算出的值都有相當程度的落差，所以想要連帶知道資料的分布程度，也就是說，想要知道樣本平均值的平均值（樣本平均值的期望值）以及樣本平均值的分布程度（樣本平均值的變異數）。目前已知的是，這兩個值具有下列的性質。

┌─【統計工具27-1】 樣本平均值的期望值與變異數 ─────

- 假設母體平均值為 m，母體變異數為 σ^2，隨機從這個母體集團篩出規模為 n 的樣本，可得到下列的結果。
  ① 樣本平均值的期望值＝母體平均值 m
  ② （樣本平均值的變異數）×（樣本的規模 n）＝母體變異數

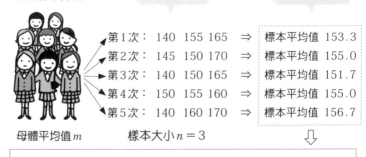

①樣本平均值在計算平均值之後，會更接近母體平均值。
②樣本平均值會在母體平均值附近徘徊。

　①的意思是，只要每次都計算樣本平均值，並且計算樣本平均值的平均值，該平均值就會趨近母體平均值。

　②的意思也不太難懂，就是樣本平均值會一直在母體平均值附近來回跳動，所以樣本平均值的分散程度（變異數）會比母體集團的身高資料的變異數來得小。簡單來說，②的意思就是讓樣本平均值的變異數放大 n 倍（在這個例子之中為 3 倍），就會是母體集團的變異數。

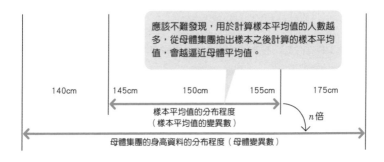

問題 **27 – 1**

　　針對全國高中生舉辦數學測驗（滿分為 100 分）之後，得到平均分數（母體平均值）60 分、變異數（母體變異數）25 分。讓我們一起思考從這個母體集團選出 25 個人，再計算這些人的平均分數（樣本平均值）。

（1）　請計算樣本平均值的期望值。也就是不斷地重覆「隨機選出 25 人再計算平均分數」這個步驟，然後求出最終的平均分數。

（2）　請計算樣本平均值的變異數。也就是不斷地重覆「隨機選出 25 人再計算平均分數」這個步驟，然後計算這些平均分數的分布程度（變異數）。

［解答］

（1）　樣本平均值的期望值＝母體平均值＝60「分」

（2）　由於（樣本平均值的變異數）×（樣本大小）＝母體變異數

　　　　因此（樣本平均值的變異數）× 25 ＝ 25

　　　　所以（樣本平均值的變異數）＝ 1

　　這道題目的前提是已知母體平均值（全國高中生的測驗結果），但在大部分的時候，母體平均值都是未知的（如是知道母體平均值的話，就沒必要篩選樣本）。因此，全國高中生的平均分數（母體平均值）的確是可以利用部分高中生的平均分數（樣本平均值）估，但此時的重點在於樣本平均值多麼貼近母體平均值，而用來釐清這點的工具就是樣本平均值的分布情況。

【3】 樣本平均值的分布情況與使用方法

把機率分布想像成飛鏢靶，就會比較容易了解。大家都知道，射飛鏢是根據飛鏢落點決定分數的遊戲對吧？也都知道面積越寬的部分越容易中靶，面積越窄的部分則越難中靶。雖然大部分的飛鏢靶都是圓形的，但在機率分布的世界

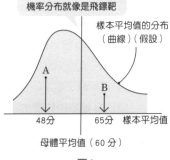

機率分布就像是飛鏢靶

樣本平均值的分布
（曲線）（假設）

A

B

48分　　65分　樣本平均值

母體平均值（60分）

圖1

裡，可將飛鏢靶想像成**圖1**的形狀。剛剛提過面積越寬的部分越容易中靶，面積越窄的部分則越難中靶對吧？假設在思考全國高中生的測驗分數時，樣本平均值的分布如圖1的情況。此時A點的得分區比較容易中靶（比較容易發生），B點的得分區比較難以中靶（比較難發生）。如果射中A點，得分就是橫軸的48分，射中B點的得分則是橫軸的65分，而這也意味著，如果不斷地從全國高中生的測驗結果抽出部分資料，再計算該資料的平均值，這個平均值會比較容易趨近48分，比較不容易往65分的方向接近。

換句話說，樣本平均值的分布情況就是在不斷篩選樣本以及不斷計算每回樣本的平均值之後，幫助我們了解這個平均值較容易接近哪個值，以及較不容易接近哪個值的圖表（飛鏢靶）。

只要觀察樣本平均值的圖表形狀與位置，就會知道對於母體平均值的估計有多少程度的正確性了。

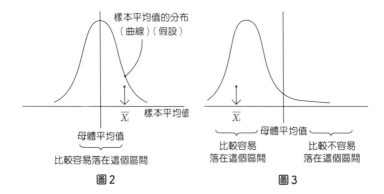

母體平均值
比較容易落在這個區間

圖2

母體平均值
比較容易
落在這個區間　比較不容易
落在這個區間

圖3

以樣本平均值的分布方式為**圖2**的情況為例，應該可以發現樣本平均值以母體平均值附近的值居多，這代表抽出幾位高中生的資料，再計算平均分數（樣本平均值）之後，會得到比較接近全國高中生平均分數（母體平均值）的值，這也意味著，在這種情況下，比較容易根據樣本平均值估計母體平均值。

反之，當樣本平均值的分布方式為**圖3**的情況，樣本平均值通常是距離母體平均值較遠的值，所以也就比較難以根據樣本平均值估計母體平均值。

由此可知，樣本平均值的分布情況會決定樣本平均值是否容易落在母體平均值附近，這也是為什麼樣本平均值的分布位置與形狀會如此重要的原因。此外，最常見的樣本平均值的分布方式就是常態分布。若問為什麼是常態分布，這是因為從後續的說明就可以知道，當樣本的規模越大，樣本平均值的分布方式就會越接近常態分布。

【統計工具 27-2】 樣本平均值的分布方式

例）全國測驗結果（分數與人數）的分布方式

①不一定是常態分布

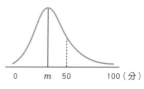

0　　　m　50　　　100（分）

（受測人數3萬人）

②選出 n 人，計算樣本平均值
第1次的樣本平均值 m_1 分
第2次的樣本平均值 m_2 分
⋮
⇓

③能幫助我們了解樣本平均值趨近幾分的工具，就是樣本平均值的分布方式

假設母體平均值為 m、母體變異數為 σ^2，從母體集團①隨機抽規模為 n 的樣本②，樣本平均值的分布方式會與平均值 m、標準差 $\dfrac{\sigma}{\sqrt{n}}$ 的常態分布 $N\left(m, \dfrac{\sigma^2}{n}\right)$ 相近。

常態分布 $N\left(m, \dfrac{\sigma^2}{n}\right)$

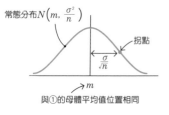

拐點

$\dfrac{\sigma}{\sqrt{n}}$

m

與①的母體平均值位置相同

在右上角的圖表裡，標準差（攤平的程度）是 $\dfrac{\sigma}{\sqrt{n}}$。由於分母有 n，所以以 n 越大，標準差越小，圖表的形狀也越集中，也代表這個圖表是容易射中母體平均值 m 的飛鏢靶。

以上就是有關母體平均值的內容，但如果是計算收視率這類百分比的時候，母體集團的資料比例稱為母體比例，樣本的資料比例稱為樣本比例，這部分與前述的內容一樣，具有下列的特徵。

【統計工具 27-3】 母體比例與常態分布

• 針對某個內容從母體比例為 p 的母體集團隨機抽出規模為 n 的樣本時，樣本比例的分布方式會在 n 越大的時候，越接近

平均 p　　　分散 $\dfrac{p(1-p)}{n}$　　　標準偏差 $\sqrt{\dfrac{p(1-p)}{n}}$

的常態分布。

第 5 章

統計推論

統計推論分成從部分資料推論整體樣貌（例如收視率）的「估計」，與透過統計檢驗預測的「檢定」。本章將帶大家學習估計與檢定的基本知識。

主題

28 估計

【1】 兩種估計

如果無法取得所有木蝨的體長資料，可先抓一些木蝨，藉由這些木蝨的資料估計所有木蝨（母集團）的平均體長。估計的方式有兩種，一種是點估計，另一種是區間估計。點估計是以一個值估計，區間估計則是以某個範圍的值進行估計，大家可參考下列的範例。

點估計：平均值就是這個！

區間估計：平均體長大於等於這個值，小於等於那個值吧。

問題 28-1　點估計與區間估計

在抓到100隻木蝨，算出樣本平均值後，依照（1）與（2）的方法估計了全日本的木蝨的平均體長。請回答（1）與（2）是點估計還是區間估計。

（1） 木蝨的平均體長估計為6公釐。

（2） 木蝨的平均體長大於等於5.5公釐，小於等於6.5公釐。

［解答］

（1）由於是以單一的值估計，所以是點估計。

（2）由於是以某個區間的值估計，所以是區間估計。

全日本的木蝨（母體集團）　　　　　　100隻木蝨（樣本）

篩選

推定

| 點估計　：平均體長約為6公釐 |
| 區間估計：平均體長約為5.5～6.5公釐 |

其實在估計時，還需要知道接下來說明的信賴度。

【2】 母體平均值的區間估計

估計分成推論全日本木蝨平均體長的母體平均值的估計，以及推論收視率這種母體比例的估計。

問題 28-2

從某間麵包工廠大量烘培的麵包之中，隨機抽出400個，測量重量之後，發現平均值為200公克，標準差為5公克。請以信賴度95％求出平均重量的信賴區間。

簡而言之……

我們想知道某間麵包工廠烘培的麵包的平均重量。可是這間工廠每天烘培很多麵包，而且接下來還會繼續烘焙麵包，所以不可能取得所有麵包的重量資料（母體集團）。

因此，隨機抽出（不刻意挑選大的或小的麵包）400個麵包，測量平均重量之後，發現平均值為200公克。所以母體平均值（母體集團的平均值。也就是這間工廠所有麵包的平均重量）應該差不多200公克，可是沒辦法只憑這個結果做出結論，所以希望以包含這個200公克的範圍，得出下述結論。

「在95％的機率之下，母體平均值有可能落在大於等於△，小於等於□的區間」

這裡說的「95％機率」就是所謂的信賴度（很常使用95％這個數值），而「大於等於△，小於等於□」的部分就稱為信賴區間。

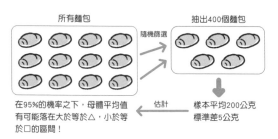

所有麵包 ← 隨機篩選 → 抽出400個麵包

在95%的機率之下，母體平均值有可能落在大於等於△，小於等於□的區間！ ← 估計 ← 樣本平均200公克 標準差5公克

[解答]

【步驟1】 了解狀況

假設麵包的重量為 x 公克，母體集團（包含之後烘焙的所有麵包）的平均值（母體平均值）為 μ，標準差為 σ。題目裡的平均值（樣本平均值）就是每出抽出400個麵包計算平均重量的結果，並不是真正的平均值（母體平均值 μ），所以接著要估計 μ 的值大概落在哪個範圍。

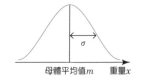

麵包重量的分布方式

母體平均值m　重量x

重覆「抽出400個麵包，計算樣本平均值」這個步驟所得的樣本平均值會如下分布。

【步驟2】思考樣本平均值的分布方式

假設反覆計算樣本平均值，樣本平均值的分布方式會接近平均值 m 與標準差為 $\dfrac{\sigma}{\sqrt{n}}$ （變異數 $\dfrac{\sigma^2}{n}$ ）的常態分布，這點已在【統計工具27-2】介紹過。這次的個數 n 為400，但標準差 σ 還未知，不過還是能用抽出400個麵包算出的5公克暫時代替。換言之，標準平均值的分布方式（容易偏向哪個值的意思）會是常態分布

樣本平均值的分布方式

$\dfrac{\sigma}{\sqrt{n}} = \dfrac{5}{\sqrt{400}}$

m　200　　樣本平均值

400個麵包的平均值200公克應該會接近母體平均值 m…

$$N\left(m, \dfrac{5}{\sqrt{400}}\right) \rightarrow \dfrac{5}{\sqrt{400}} = \dfrac{5}{20} = 0.25$$

【步驟3】先標準化，再以標準常態分布思考

一般來說，400個麵包的樣本平均值200公克，應該落在母體平均值 m 的附近。換言之，200公克有很高的機率就在平均值 m 的附近。

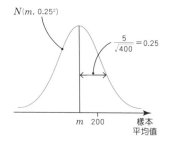

之前說過，要以常態分布思考機率時，就是要先將常態分布轉換成標準常態分布，所以經過標準化後會變成這樣。

・母體平均值 m 為0

・200 公克為 $\dfrac{200-m}{0.25}$

標準化的計算就是扣除平均值 m，再除以標準差 0.25。

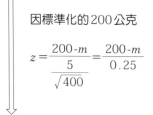

因標準化的 200 公克

$$z = \dfrac{200-m}{\dfrac{5}{\sqrt{400}}} = \dfrac{200-m}{0.25}$$

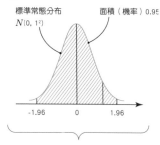

【步驟4】算出母體平均值 m 的區間估計

其實目前已知的是，在符合標準常態分布的情況之下，隨機變數大於等於 -1.96，小於等於 1.96 的機率為95％。所以若是利用這個結果就能做出

$z = \dfrac{200-m}{0.25}$ 有95％的機率趨近於0（平均值）的結論，而這個結論可利用下列的公式表現。

$$-1.96 \leq \dfrac{200-m}{0.25} \leq 1.96$$

接著可將這個公式如下整理。

$$-1.96 \times 0.25 \leqq 200 - m \leqq 1.96 \times 0.25$$

$$200 - 1.96 \times 0.25 \leqq m \leqq 200 + 1.96 \times 0.25$$

$$199.51 \leqq m \leqq 200.49$$

因此，m 大於等於 199.51，小於等於 200.49

解題之後，讓我們透過文字思考。假設樣本平均值為 $\bar{x}$，母體平均值為 m、標準差為 σ，取出的個數為 n，而且 $\dfrac{\bar{x}-m}{\frac{\sigma}{\sqrt{n}}}$ 大於等於 -1.96，小於等於 1.96 的話，可得到下列的公式。

$$-0.96 \leqq \frac{\bar{x}-m}{\frac{\sigma}{\sqrt{n}}} \leqq 1.96$$

$$-1.96 \times \frac{\sigma}{\sqrt{n}} \leqq \bar{x}-m \leqq 1.96 \times \frac{\sigma}{\sqrt{n}}$$

$$\bar{x} - 1.96 \times \frac{\sigma}{\sqrt{n}} \leqq m \leqq \bar{x} + 1.96 \times \frac{\sigma}{\sqrt{n}}$$

> 可得到估計母體平均值的公式。

【統計工具 28-1】 母體平均值的區間估計

【步驟1】準備進行母體平均值的區間估計所需的數值
必要的數值①：樣本大小 n（抽出幾個的意思）
必要的數值②：樣本標準差 σ（也可以使用母體標準差。
　　　　　　　　n 夠大的時候，可以只使用樣本標準差）
必要的數值③：樣本平均值 $\bar{x}$
　　　　　　　（n 夠大的時候，母體平均值也差不多是這個值）
【步驟2】利用公式估計母體平均值的區間
在信賴度 95％ 之下，母體平均值 m 的區間估計的範圍（信賴區間）為

大於等於 $\left(\bar{x} - 1.96 \times \dfrac{\sigma}{\sqrt{n}}\right)$，小於等於 $\left(\bar{x} + 1.96 \times \dfrac{\sigma}{\sqrt{n}}\right)$

【3】 母體比例的區間估計

問題 28-3

從1700萬台電視之中隨機抽出400台,調查觀看某個電視節目的電視有幾台之後,發現有80台。請針對這個節目的收視率的母體比例 p,計算信賴度95%的信賴區間。

母體比例(%、比率)可依照計算母體平均值的方式思考。

【統計工具 28-2】 母體比例的區間估計

【步驟1】準備進行母體比例的區間估計所需的數值
必要的數值①:樣本大小 n(抽出幾個的意思)
必要的數值②:樣本比例 R(母體比例大概會是多少的意思)
【步驟2】使用母體比例的區間估計公式
在信賴度95%之下,母體比例的區間估計的範圍(信賴區間)為

大於等於 $\left(R - 1.96 \times \sqrt{\dfrac{R(1-R)}{n}} \right)$,小於等於 $\left(R + 1.96 \times \sqrt{\dfrac{R(1-R)}{n}} \right)$

[解答]

由於400台電視之中,有80台收看這個節目,所以樣本比例 R 為

$$R = \frac{80}{400} = 0.2 \quad (20\%)$$

由於樣本大小 $n=400$,樣本比例 $R=0.2$,所以

$$1.96 \times \sqrt{\frac{R(1-R)}{n}} = 1.96 \times \sqrt{\frac{0.2(1-0.2)}{400}}$$

$$= 1.96 \times \frac{\sqrt{0.4^2}}{20} = 0.0392$$

使用這個值計算,可以得到

$$R \pm 1.96 \times \sqrt{\frac{R(1-R)}{n}} = 0.2 \pm 0.0392 = 0.2392 \text{ 或 } 0.1608$$

因此,這個節目的收視率在95%的機率落在大於等於0.1608(約16%),小於等於0.2392(約24%)的區間。

檢定①

　　檢定是建立假說，再使用統計判斷這個假說正確性的方法。雖然已在主題15介紹過檢定的邏輯，但這個主題要帶著大家一邊解題，一邊了解檢定。讓我們先從主題15的類題開始解題。檢定的步驟請參考【統計工具15-1】（p.72）。

【1】 基本的檢定問題

> 問題 **29-1**
>
> 　　眼前有一枚正面與反面出現機率可能不一致的硬幣。這枚硬幣在丟了6次之後，6次都出現正面。請以顯著水準5%檢驗這枚硬幣的正面與反面的出現機率是否相同。

【步驟1】 建立虛無假說

　　虛無假說：「硬幣出現正面與反面的機率相同」

　　對立假說：「硬幣出現正面與反面的機率不同」

　　檢定會以虛無假說為前提，計算下列的機率。

【步驟2】 計算事件實際發生的機率

　　假設硬幣的正反面出現機率相同，出現正面的機率為0.5，因此，連續出現6次正面的機率為

　　　　$0.5 \times 0.5 \times 0.5 \times 0.5 \times 0.5 \times 0.5 = 0.0156\cdots$（約1.6%）

【步驟3】讓顯著水準與機率比較再進行判斷

　　顯著水準就是判斷「這事件幾乎不可能發生」的基準（機率）。所以，顯著水準5%可解釋成「若事件發生的機率小於等於5%，代表發生了幾乎不可能發生的事件」。

由於連續出現6次正面的機率為小於等於5％的1.6％，代表在以虛無假說為前提的情況下，發生了幾乎不可能發生的事情，因此可以懷疑作為前提的虛無假說有問題，也可以否定（拒絕）這個虛無假說，同時做出對立假說「硬幣出現正面與反面的機率不同」成立的結論。

解題之後，讓我們稍微整理一下【統計工具15-1】的內容。

┌─【統計工具29-1】 檢定 ─
【步驟1】 建立虛無假說與對立假說
　虛無假說：否定想確認的事情
　對立假說：想確認的事情
【步驟2】 以虛無假說為計算機率的前提
　以虛無假說為前提，計算實驗結果發生的機率。
【步驟3】讓顯著水準與機率進行比較再判斷結果
　機率≦顯著水準的話，拒絕虛無假說，保留對立假說
　機率＞顯著水準的話，不拒絕虛無假說，同時保留虛無假說與對立假
　說

明明在問題29-1之中，想確認的事情是「硬幣的正反面出現機率不同」，為什麼不直接針對事件展開調查，而是先確認虛無假說「硬幣的正反面出現機率相同」這個前提是否成立呢？這是因為光是知道硬幣的正反面出現機率不同，也無法得知硬幣的正反面出現機率，因此才會假設硬幣的正反面出現機率相同，如此一來就會知道硬幣的正反面出現機率為0.5，也就能以虛無假說為前提。

　　眼前有一枚正面與反面出現機率可能不一致的硬幣。這枚硬幣在丟了 5 次之後，出現了 4 次正面。請以顯著水準 5％檢驗這枚硬幣的正面與反面的出現機率是否相同。

【步驟 1】 建立虛無假說

　　虛無假說：「硬幣出現正面與反面的機率相同」

　　對立假說：「硬幣出現正面與反面的機率不同」

　　檢定會以虛無假說為前提，計算下列的機率。

【步驟 2】計算事件實際發生的機率

　　假設這枚硬幣的正反面出現機率相同，計算發生上述事件的機率。要請大家注意的是，此時不僅要計算「丟 5 次之後，出現 4 次正面，1 次反面的機率」，還要計算「丟 5 次，5 次都出現正面」的機率，因為丟 5 次出現 4 次正面的事件「幾乎不會發生的話」，那麼 5 次都出現正面的事件更「不會發生」才對。

　　這次可使用【統計工具 17-3】計算機率。

① 丟 5 次硬幣出現 4 次正面、1 次反面的機率為

　　　$_5C_4 \times 0.5^4 \times 0.5 = 0.1562\cdots$（約 15.6％）

② 丟 5 次硬幣出現 5 次正面的機率為

　　　$0.5 \times 0.5 \times 0.5 \times 0.5 \times 0.5 = 0.0312\cdots$（約 3.1％）

　　可根據①與②的結果算出 $0.1562 + 0.0312 = 0.1874$（約 18.7％）這個結果。

【步驟 3】讓顯著水準與機率比較再進行判斷

　　機率 18.7％大於顯著水準 5％，所以無法拒絕虛無假說。

雖然在進行檢定以及拒絕虛無假說之後，可以得到直截了當的結論，但是無法拒絕虛無假說的時候，得不到強而有力的結論。比方說，【問題29-2】這種無法拒絕虛無假說的情況，不代表虛無假說就是正確的，只能代表「虛無假說有可能是正確的」。也就是說，虛無假說與對立假說都有可能是正確的，所以才無法得到強而有力的結論。

【2】 以常態分布思考二項式分布

　　假設反覆投擲硬幣之後，出現正面的次數為 x。由於這個機率可利用反覆試行的公式計算，所以根據【統計工具21-1】可以知道 x 的分布方式為二項式分布，也就是左下角這種山形的圖表。【統計工具21-3】也提過，當試行的次數變多，二項式分布就會趨近常態分布，所以能得到在下個主題使用的工具。

【統計工具29-2】 以常態分布逼出二項式分布的機率

　　試行次數為 n、事件每次發生的機率為 p 的二項式分布，會在 n 極大的時候，趨近下述的常態分布（平均值與標準差為二項式分布的期望值與標準差）。

平均值 $m = n \times p$

標準差 $\sigma = \sqrt{n \times p \times (1-p)}$

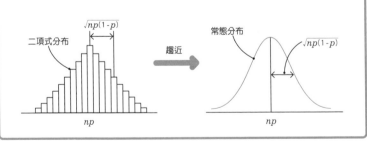

問題 **30-1**

　　全國模擬考的數學平均分數為60分，標準差為12分。A高中的學生的平均分數為63分。此時請以顯著水準5％檢定A高中的學生的分數是否高於平均分數。

【步驟1】　建立虛無假說

　　虛無假說：「A高中的平均分數等於60分」

　　對立假說：「A高中的平均分數不等於（高於）60分」

　　檢定會以虛無假說為前提，計算下列的機率。

【步驟2】　計算事件實際發生的機率

　　接著以虛無假說為前提，思考判斷「A高中的平均分數為63分」這個事件是否會發生的機率。若問該怎麼做，才能算出這個機率，假設模擬考的分數呈常態分布的話，可先透過標準化轉換成標準常態分布，之後就能透過常態分布表得知機率。

　　接下來要利用母體平均值60分、標準差12分計算A高中的平均分數60分在標準常態分布之中會是什麼值。由於要計算在標準常態分布之中會是什麼值的時候，只需要讓A高中的平均值減去母體平均值，再除以標準差即可，所以得到下列的結果。

$$z = \frac{\text{A高中的平均值} - \text{母體平均值}}{\text{標準差}} = \frac{63-60}{12} = 0.25$$

　　由此可知，平均分數60分在標準常態分布之中為0.25這個值。接著要使用下一頁介紹的工具。

就標準常態分布的隨機變數 z 而言
・z 大於等於1.96的機率約2.5%
・z 小於等於－1.96的機率約2.5%
・z 小於等於－1.96或是大於等於1.96的機率約5%

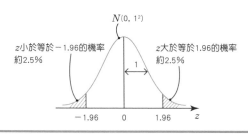

z 小於等於－1.96的機率
約2.5%

$N(0, 1^2)$

z 大於等於1.96的機率
約2.5%

1

－1.96   0   1.96 z

由於「$z=2$」是大於等於1.96的值（圖中的斜線部分），所以只要使用這項工具，就能知道「z 等於2的機率有2.5%以下（5%以下）。反之，z 落在－1.96與1.96之間的機率約為95%。因此斜線部分稱為**拒絕域**，斜線以外的部分稱為**接受域**。

由於這個問題的 z 等於0.25，所以可做出 z 不在上圖的斜線部分之內，發生的機率也不是小於等於5%這個結論。雖然無法算出具體的機率，但只要使用標準常態分布，就能得知事件是否幾乎不會發生的這類結果。

【步驟3】讓顯著水準與機率比較再進行判斷

$z = 0.25$ 的機率並非小於等於5%，所以無法拒絕虛無假說。換言之，無法斷定A高中的平均分數高於全國平均分數。

第5章

統計推論

眼前有一枚正面與反面出現機率可能不一致的硬幣。這枚硬幣在丟了 100 次之後，出現了 60 次正面。請以顯著水準 5 % 檢驗這枚硬幣的正面與反面的出現機率是否相同。

【步驟 1】 建立虛無假說

虛無假說：「硬幣出現正面與反面的機率相同」

對立假說：「硬幣出現正面與反面的機率不同」

檢定會以虛無假說為前提，計算下列的機率。

【步驟 2】 計算事件實際發生的機率

假設這枚硬幣的正反面出現機率相同，計算發生上述事件的機率。這次要計算的機率是「硬幣出現 60 次以上的機率」。此時若利用反覆試行的機率公式計算，必須加總下列的所有計算結果。

· 硬幣丟 100 次，出現 60 次正面的機率

· 硬幣丟 100 次，出現 61 次正面的機率

⋮

· 硬幣丟 100 次，出現 100 次正面的機率

但這樣的計算很麻煩，所以要試著利用【統計工具 29-2】的方式，利用常態分布思考這個問題。之後就能仿照【問題 30-1】的方式，先標準化常態分布，再以標準常態分布思考這個問題。

為了進行標準化，必須先計算平均值與標準差。由於硬幣出現正面的機率為 0.5，而丟擲硬幣的次數為 100 次，所以

平均值 $m = n \times p = 100 \times 0.5 = 50$

標準差 $\sigma = \sqrt{n \times p \times (1-p)} = \sqrt{100 \times 0.5 \times 0.5} = 5$

根據【統計工具29-2】的說法，硬幣出現正反面的二項式分布會接近平均值 m 為50、標準差 σ 為5的常態分布。

在丟100次硬幣的實驗之中，出現了60次正面。若是計算這60次在標準常態分布之中會是什麼值，可以得到下列的結果。

$$z = \frac{\text{實驗結果的平均值} - \text{母平均}}{\text{標準偏差}} = \frac{60 - 50}{5} = 2$$

因此，「丟100次硬幣，結果出現60次以上正面的機率」在「標準常態分布之中，就是 z 大於等於2的機率」。若以【統計工具30-1】的方式思考這個機率，會發現 $z \geq 2$ 的部分為拒絕域（斜線部分）。由此可知，z 大於等於2的機率小於等於5％。

【步驟3】讓顯著水準與機率比較再進行判斷

經過上述的計算得知，在虛無假說「硬幣的正反面出現機率相同」為前提之下，「硬幣丟擲100次，正面出現60次以上的機率」小於等於5％。由於顯著水準為5％，所以代表發生了幾乎不會發生的事件，也代表作為前提的虛無假說有問題，所以拒絕虛無假說。換言之，要保留的是對立假說，也等於硬幣的正反面出現機率不一致。

以上就是高中範圍的統計學（資料分析、機率分析、統計推論）。應該有讀者會透過本書了解教科書的內容吧，也有些人可能會拿來應付考試。不過，本書的用途可不只是這樣。或許聽起來有些誇張，但要在充滿不確定性與複雜性的社會生存，很需要透過統計了解與預測狀況。作者由衷盼望本書可以幫助大家建立高中範圍之外的統計基礎。

【作者簡介】

佐佐木隆宏

茨城基督教大學副教授。歷經代代木講座數學科講師（衛星通訊課程、教員研修課程、代講座電視網負責人）、駿台補習班數學科講師、多間大學約聘講師這些職務之後擔任現職。取得東京理科大學大學院理學研究科科學教育專攻博士後課程學分後期滿離校。目前是教學教育學會會員、日本數學教育學會會員、日本保育者養成教育學會會員。主修數學教育學（教材開發理論、統計教育）。

著有《佐々木隆宏の数学I「データ分析」が面白いほどわかる本》、
《流れるようにわかる統計学》（KADOKAWA出版）、《体系数学Ⅰ・A》、
《体系数学Ⅱ・B》（教學社出版）等書。

資料分析&統計推論──大數據時代的關鍵統計學思維

出　　　版／楓葉社文化事業有限公司
地　　　址／新北市板橋區信義路163巷3號10樓
郵 政 劃 撥／19907596　楓書坊文化出版社
網　　　址／www.maplebook.com.tw
電　　　話／02-2957-6096
傳　　　真／02-2957-6435
作　　　者／佐佐木隆宏
翻　　　譯／許郁文
責 任 編 輯／王綺
內 文 排 版／謝政龍
校　　　對／邱怡嘉
港 澳 經 銷／泛華發行代理有限公司
定　　　價／320元
初 版 日 期／2022年12月

國家圖書館出版品預行編目資料

資料分析&統計推論：大數據時代的關鍵統計學
思維 / 佐佐木隆宏作；許郁文譯. -- 初版. -- 新
北市：楓葉社文化事業有限公司, 2022.12
　面；　公分

ISBN 978-986-370-491-1（平裝）

1. 統計學 2. 通俗作品

510　　　　　　　　　　　　　111016242